U0001243

HEART

心|視野

HEART
心|視野

心理彈力

RESILIENCE

作者｜金周煥　　譯者｜林侑毅

Contents

PART 2

你的復原力有幾分？

PART 3

對自我的正確理解

PART 4

與人建立良好互動

PART 5

提升大腦的正面性

前言

溝通能力是心理彈力的基礎

我們的一生，充滿了大大小小的考驗與逆境，而不斷克服各種降臨在我們身上的挑戰與困難，就是生命的過程。除了疾病、意外、離婚、破產、死亡等巨大的考驗外，人生在世必然遭遇人際關係中的小小摩擦、些許失誤或煩心的事情，這些微不足道的困難也都是我們必須克服的考驗。如果所有事情都順心如意，那麼這個人大概不是人，而是神了。

回首過去，我人生中最大的考驗，發生在二〇〇一年三月初母親突然蒙主恩召的時候。兩年後，父親也接著去到母親的身邊。他們兩位從大學開始就在一起，一輩子像同儕好友一樣互相扶持，而我在成長階段，也和亦師亦友的父母無所不談。

瞬間淪為孤兒的我，遭逢了難以承受的巨大傷痛，我再也無法和父母天南地北地聊天。「那怕只有十分鐘也好，如果可以再和爸媽面對面坐下來盡情聊天的話，那該有多好……」即使是現在，每次腦中出現這樣的想法，便覺得熱淚盈眶。無論兒子做了什麼，他們二位總是引以為豪，並且在我身後默默守護著我。然而父母如今已經不在人世，做什麼事情都提不起勁。接下來的幾年間，我深陷於巨大的無力感之中，過著渾渾噩噩的生活。後來我開始學習正面情緒與復原力的力量，才得以逐漸擺脫無力感，學會從容地面對生活中遭遇的大大小小的困難。

《心理彈力》初版於二〇一一年三月在韓國上市，至今已經過了八年，很感謝這段時間《心理彈力》得到許多讀者的厚愛。本書出版時，創造出「復原韌性」一詞[1]，當時多數人的反應是「復原韌性」太艱深，聽起來像是物理學或經濟學的概念。但是在出版後的短短幾年內，「復原韌性」已經成為許多人經常使用的日常用語，像是原本早已存在於韓語當中的詞彙。在本書出版之後，坊間光是書名使用「復原韌性」的書籍，就有數十本之多。

《心理彈力》在二〇一五年中央日報「各學術領域被引用度最高著作、譯作排名」的社會科學類中，排名第二。意思是在短短四年內，已經有許多學者在撰寫學術論文時引用了本書。這本書能夠打敗政治學名家戴維·赫爾德（David Held）的著作和社會學名家烏爾里希·貝克（Ulrich Beck）的著作，在社會科學類中排名第二，代表這本書受到許多學者的認可，認為這是一本具有引用價值的學術書籍。我對此衷心感謝。這本書其實不是為了大眾所寫的通俗讀物，而是許多學者在撰寫學術論文時喜歡引用的學術書。然而至今仍有許多一般讀者支持本書，這確實頗令我訝異，也萬分感謝。

今日與人類、社會有關的各種學問，大多將焦點放在如何讓病態恢復常態。這種暗地裡認為把錯誤的、沒有正常運作的人類和社會導向正常，才是學問存在意義的假設，正在各個學術領域中發揮其影響力。例如心理學主要發展變態心理學，討論的是如何將不正常的心理狀態，扭轉為正常的心理狀態；經濟學透過努力解決大恐慌或泡沫化等問題，取得快速的發展；政治學討論民主主義為何無法正常運作、暴力獨裁的政治體系何以出現等問題，並且在這些基礎上逐漸發展成熟。社會學也是，透過解決階級之間的矛盾等各種社會問題發展至今。

現代傳播學也和其他學問一樣，主要把焦點放在解決溝通過程中出現的各種問題或障礙。從傳播領域中產出最多論文的主題，大多與溝通障礙或溝通焦慮有關來看，就能略知一二。然而關於正常人如何繼續提高溝通能力的研究，卻相當罕見。

其實探討讓沒有特別問題的正常人或社會提升到更高層次的研究，在進入現代後反而銷聲匿跡。這種從正常狀態躍升至更卓越、更傑出的狀態的理論，如今只能向莊子哲學或孔子思

❶原書將 resilience 譯為「復原韌性」，為作者自創新詞。由於臺灣已有許多復原力相關研究，為避免引起誤解，除此處及五十五頁保留作者的說明外，全書統一將「復原韌性」翻為「復原力」。

想、斯多葛哲學家取經了。兩千年前羅馬時代輝煌一時的修辭學理論，關注的是培養優秀演說家的方法，而非解決溝通的問題。例如古羅馬教育家昆體良（Marcus Fabius Quintilianu）在十二卷巨著的《雄辯術原理》（*Instituts of Oratory*）中，明確表達了唯有成為知識上或道德上傑出的人，才能成為演說家的立場。亦即唯有成為好人，溝通能力才能提升。

我從以前就主張這種提高正常人溝通能力的方法，是現代社會必須研究的課題，也懷抱使命感和信心從事這方面的研究。溝通能力指的不只是口若懸河的語言使用能力，溝通能力的本質在於建立與維繫和諧的人際關係，而和諧的人際關係仰賴愛與尊重兩大主軸。換言之，溝通能力就是在人際關係中實現愛與尊重的能力。愛與尊重的能力正是給予對方好感與信賴的能力，而這也是說服能力與領導能力的基礎。這種溝通能力必須透過正面情緒的涵養才能練就。

在我進行溝通能力的相關研究時，發現許多有關復原力的研究，都認為復原力是人際關係能力的重要因素。過去數十年來，各國的許多學者利用不同的概念與各種理論，發表大量關於復原力的研究。即便概念和理論互不相同，他們仍共同強調一個重點，那就是在復原力的深處存在著人際關係能力。這是原本研究溝通能力的我，以復原力為題撰寫本書的最大原因。

溝通能力是心靈肌肉的基礎。本書的兩大核心主旨，在於「唯有提高溝通能力，才能具備強大的復原力」，以及「為提高溝通能力，必須先擁有正面情緒」。正面情緒和邊緣系統中多巴胺通路帶來的獎賞機制——令人愉悅的快感，兩者天差地遠。溝通能力當中的正面情緒，是與前額葉皮質的活化緊密相關的幸福感。這是真正的幸福感。

位於內側前額葉皮質中心的神經網路，在處理自己與他人的訊息時較為活躍。所以只有在處理有關自己與他人的正面訊息時，才能獲得真正的幸福感。關於個人正面訊息的處理，最具代表性的有原諒自己、接納自己、尊重自己；關於他人正面訊息的處理，則是原諒他人、接納他人、尊重他人。懂得原諒自己與他人，接納自己與他人，並且尊重自己與他人，就能獲得真正的幸福感。而心存感恩能同時正面處理自己與他人的訊息，引發強烈的幸福感。換言之，心存感恩正是同時肯定自己與他人的行為。

真正的幸福不是由外在的條件所決定，而是從我們內在散發出來。真正的幸福不以任何條件為必要，只能由內在的動機決定。如果你堅信追求幸福要先完成某個特定的條件，那麼在滿足這個條件的過程中，反倒可能造成你的不幸。

相信幸福仰賴特定條件（例如金錢、權力、地位、名譽、成功、社會判斷、外貌等）的人，其實是崇拜那些特定的條件。崇拜金錢的人，錢賺得越多，越覺得錢不夠用；崇拜權力的人，掌握的權力越大，越覺得自己力量微薄；崇拜地位的人，位置爬得越高，越是仰望地位更高的人，強迫自己繼續往高處爬；崇拜外貌的人，總是拿別人與自己相比，只看見自己的缺點，為自己缺乏魅力深感不安。因為如此，幸福的條件反倒該被稱為不幸的條件。

建立在強大的復原力之上的真正幸福感，源於對待自己與他人的正面態度，無關外在的條件。透過個人的決定就能獲得幸福的人，便是與自我保持和諧關係的人。溝通能力的核心，在於與自我進行正面的內在溝通，因為人際關係正是內在關係的反映。

憂慮是削弱復原力的最根本負面情緒。憂慮帶來挫折感，而挫折感萌生出憤怒。人們感到憂慮的原因有兩點，一是堅信幸福有條件，卻害怕滿足不了這些條件，二是手中已經握有幸福的條件，卻害怕失去。想要從根本上排除這些憂慮，必須明確了解一個事實：我渴望得到的成功或成就，並不會為我帶來幸福。我們必須明白幸福源於我們內在的決定，也必須堅信任何失敗或逆境都不會使我們變得不幸。當我們達到知足常樂的狀態，並且無論人生如何發展，無論被賦予什麼樣的生活條件，都能感到滿足時，內心的糾結將一掃而空，而憂慮也將隨之消失。當憂慮消失，積極挑戰的一面自然會出現，這就是復原力。對失敗無所畏懼的狀態，就是具備復原力的狀態。

只要以當下最真實的面貌存在，那裡便有無限的幸福。正如德國哲學家艾克哈特（Meister Eckhart）所言，擁有需要的一切不是幸福，懂得放下一切，再也不需要任何東西的狀態，才是真正的幸福。

人們對於復原力的其中一個誤解，是把它視為對成功有著強烈的執著，因此在任何情況下都能勇於克服一切。但是對成功的強烈執著或執念，反倒可能削弱復原力，因為那樣的執著將會引起負面情緒。

復原力不是源於對成功的強烈執念，而是對失敗無所畏懼；復原力不是非成功不可的堅強意志，而是即便失敗也不因此憂心喪志。那是透過對自我的深刻反省，從而對自己的行動帶有明確的目的性和方向性，卻不因此受限於目標達成與否，或從此過著戰戰兢兢的生活，這樣的態度才能帶來復原力。

復原弱者習慣負面看待自己與他人。換言之，對自己與他人容易感到憤怒、憎恨、厭惡，以及具有攻擊性的仇視感的人，是心靈肌肉無力的人。內心充滿恐懼、憤怒與壓力，總認為自己充滿不幸的人，復原力自然較脆弱。

導致人們不幸的原因百百種，不過最根本的原因還是在於希望獲得他人認同的慾望。現代社會洗腦人們從小迎合父母的認同，長大後屈服於社會的認同。我們所有人從小到大受到的訓練，是對他人的認同、羨慕和稱讚產生快感。這樣的結果，導致我們沉迷於他人的認同或稱讚帶來的快感，不斷追求他人的認同，而不能過上自己真正期望的生活。我們有時擔心被冷落，有時害怕受到批判、輕視，一輩子戰戰兢兢地活在恐懼之中。與其說是害怕面對失敗或逆境本身，倒不如說人們更害怕他人對自己的失敗產生輕視或批評。

想要積極正面地處理自己與他人的訊息，從而獲得真正的幸福感，最重要的是擺脫渴望獲得他人認同的成癮狀態。唯有擺脫過度依賴他人的目光或評價的狀態，才能與自己建立健全的關係。與自己的關係健全，與他人的關係也才能健全，從而引發正面情緒，塑造復原力。想要獲得真正的幸福，必須完全脫離他人的認同或稱讚。唯有如此，才能放下內心的羈絆，達到接近「心無罣礙，無有恐怖」的境界。如此一來，無論身處什麼樣的情況，都能成為自我滿足的人，不再害怕任何失敗。不再執迷於這個世界的評價或他人的認同，並且能與自己維持健全關係的人，將不再害怕失敗，也將擁有強勁的復原力。這些人無論遭遇何種失敗或逆境，也能把它轉換為成長的墊腳石，邁向更高的層次。

正面情緒不僅是個人的問題，更是整個社會的問題。因為幸福感或不幸福感都具有強大的傳染力。當某個人出現負面情緒時，這個不幸的感受將立刻傳染給身旁的所有人。不幸福感不只是個人的問題。我們無權任意發洩負面情緒，將他人帶入不幸的深淵中。所以我們有義務過得幸福，這是身為社會一份子的義務。因為我們過得幸福，其他人也才會幸福。維繫幸福感先是整個社會的義務，接著才是個人的權利。復原力其實不只是個人層次的問題，在解決整個社會的結構問題上，也需要強大的復原力。

大多數學問傳統上都有個前提，那就是將人類視為被動的角色。學界認為人類的態度與行為、意識，是由客觀的「社會—經濟—文化—政治條件」所決定。存在於人類意志之外的「社會結構」是自變項（independent variables），而人類的思考與行為是由自變項所決定的應變項（dependent variables）。當然的確有這樣的一面，不過單憑這種世界觀，無法引發本質上的改變或革命。我們必須保持開放的態度，接受個人的意志、行為、思想，也可能是改變社會結構的自變項。如果我們期盼著更美好的世界，就更應當如此思考。

如果希望我們身處的世界變得更加美好，就必須認同人類也可以是自變項的看法。當然，對社會結構的關注和研究仍不可或缺。只是如果只看社會結構，而將一切問題歸咎於結構，那也無法改變結構本身。我們所要檢視的，不只是個人受到政治、社會結構多少影響，也要看個人對其所處的政治、社會結構如何發揮影響、何時發揮影響，以及發揮多大的影響。一個人想要改變他所身處的社會結構，當然需要強大的復原力。

感謝在本書寫作期間，仔細閱讀書稿所有內容，挑出其中錯誤的首爾大學語言教育院韓銀慶博士。她是我復原力的源泉，要是沒有她的協助，這本書恐怕難以出現在世人面前。

金周煥

二〇一九年三月

PART 1

心靈肌肉

復原力正是「記憶自我」的問題。
記憶自我是不斷為自己的經驗賦予意義，講述生命故事的自我。
如果有人的記憶自我能為苦難與逆境賦予正面意義，正面講述故事，這個人就是復原強者。

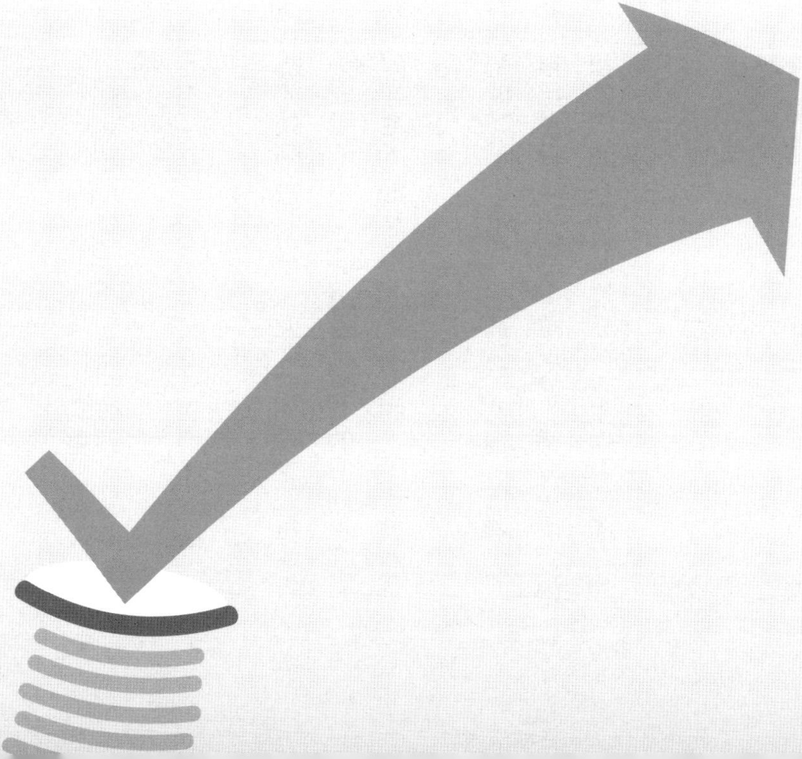

什麼是復原力？

克服逆境的力量

復原力是將自己遭遇的各種逆境與困難，逆轉為成長動能的力量。成功並非排除困難或失敗的狀態，而是克服逆境與考驗的狀態。唯有澈底失敗過的人，才知道捲土重來的方向；唯有曾經跌落谷底的人，才深切了解東山再起的必要。同樣地，唯有曾經一敗塗地的人，才會擁有展翅高飛的力量。這正是復原力的祕密。

我們的一生充滿各種逆境與困難。儘管也有幸福的時刻，不過令人痛苦、悲傷、困難、心痛的事情相對更多。研究結果顯示，人們經常認為自己遭遇不幸的頻率遠遠高於幸福，受到衝擊的強度也大於幸福，這使我們感到挫折。不過，我們所有人都擁有能克服人生逆境的潛在力量。學者們將這股力量稱為復原力（resilience）。

正所謂「失敗為成功之母」，在那些一輩子過得平坦順遂的人當中，難以發現創造輝煌業績或成就的人。沒有哪一間大企業在創業後，不曾經歷過任何一次失敗或困難。這是社會的道理。看看偉人傳記中的偉大人物吧！無論在哪一個領域，能夠做出傑出貢獻的人，大多是克服逆境的人。那麼，他們為什麼都能克服逆境，最終成為偉人？這裡隱藏著一個小小的線索。那就是這些偉人不是因為「身處」逆境才成為偉人，而是「多虧」逆境才能達到驚人成就。

逆境發揮了跳板的作用，讓人們跳得更高、更遠。青蛙向前跳之前，身體也必須先向後蹲低。如果所有事情一帆風順，人生不曾遭遇任何考驗，那麼被譽為史上最偉大總統的林肯，想必終其一生只會是個平凡的鄉下律師；邱吉爾首相大概一生都在經營小本生意；李舜臣將軍❷或許還是個不知名的小將軍，最後屆齡退休吧。

因為逆境跌落谷底，卻又以強大的復原力東山再起的人，大多能爬到比原本位置更高的地方。這才是真正將失敗化為成功的原動力，將今日的痛苦化為明日喜悅的源泉。對他們而言，逆風反倒令他們歡欣鼓舞。好比天上飄揚的風箏一樣，風越吹，飛得越高。但是並非所有人都能徹底發揮這樣的復原力，有些人像皮球一樣跳得老高，也有些人像玻璃球一樣，墜地的瞬間

---

❷於十六世紀壬辰倭亂期間擊敗豐臣秀吉帶領的日本軍隊，是韓國家喻戶曉的民族英雄。

立刻支離破碎。從統計數字來看，玻璃球類型的人，比皮球類型高出兩倍。能夠將失敗化為成功動力的人，反倒是少數。所以在這個世界上，失敗者的數量永遠比成功者要多。

復原力好比心靈肌肉。想要身體發揮力量，必須先有強壯的肌肉，而想要心靈發揮強大的力量，必須先有強勁的心靈肌肉。心理學家認為心靈的力量也像是一種「肌肉」，每個人都擁有一定程度的耐力，而能夠負荷的重量也有限[1]。不過心靈肌肉能夠負荷的重量，可以透過鍛鍊無限增加。

本書是一本鍛鍊心靈肌肉的指南，能使心靈肌肉發揮強大的復原力。正如身體的肌肉能提高身體免疫力，心靈肌肉則能預防大大小小的心病。復原力不只是為了克服巨大的逆境所必備的力量，想要輕鬆解決日常生活中遭遇的無數壓力、人生的苦惱、人際關係的衝突，復原力同樣不可或缺。

每個人擁有的復原力強度各不相同，就像每個人必然存在著體力上的差異。透過按部就班的運動和訓練，可以增強我們的體力，同樣地，復原力也能透過按部就班的努力和訓練加以強化。藉由本書，各位讀者將了解復原力由哪些要素所構成，而想要開發這些要素，又必須付出什麼樣的努力。從現在起，人生中大大小小的考驗不再是令人擔憂的困擾，反倒是邁向成功的墊腳石，我們應當喜聞樂見才是。

克服逆境的代表人物

「韓國的霍金」李尚默教授

我們一生可能遭遇的各種逆境中，什麼樣的情況會是最糟的？讓我們來看首爾大學地球環境科學部李尚默教授的案例。他以公費留學生身份在麻省理工　院取得博士學位，是當時前途一片光明的海洋地質學家。他曾經擔任先進海洋探測船 Onnuri 號的首席科學家，走訪世界各大海域，並與世界級學者進行各種協同研究。他既是科學家，同時也是探險家。

在事業如日中天的四十五歲那年，任誰也沒有料想到的不幸，竟在某天忽然找上李尚默教授。李尚默教授與加州理工學院共同進行野外地質調查計畫，卻在遙遠的美國大地上遭遇翻車意外。行駛在炎熱沙漠中的汽車忽然翻覆，他當場失去意識。意外發生後三天，他才終於恢復意識，但是已經全身癱瘓，只剩眼睛可以活動，手指完全不聽使喚。

這段時間，他只能勉強以眨眼一次表示同意，眨眼兩次表示不同意，直到三週後，才好不容易能開口說話。最後，他成了頸部以下全身癱瘓的身心障礙人士。曾經誇口世界狹小，走遍五大洋六大洲進行探險、研究的他，遭遇了極其致命的逆境。

李尚默教授儘管成了全身癱瘓的重度身障者，依然冷靜、理性地接受現況。他並未對當前的處境感到悲觀、憂鬱，或是否定現實，而是勇敢接受一切。全身癱瘓的病人通常會否定發生在自己身上的不幸，不肯接受事實，平均得花費三年以上的時間，他們才有可能完全接受自己的遭遇。根據主治醫師的說法，李尚默教授一開始就完全接受發生在自己身上的不幸，並且在六個月內回歸日常生活，展現出驚人的復原力。

他坐著電動輪椅回到校園，全心投入授課和研究。只有嘴巴能活動的他，授課時利用連接筆記型電腦的口控滑鼠控制投影片，吸滑鼠代表點擊左鍵，吹滑鼠代表點擊右鍵。即使身處這樣的逆境，李教授仍出版了紀錄個人重生經驗與正面人生觀的書籍。《紐約時報》等國際媒體報導他，而捧紅史蒂芬·霍金的科學教育節目《新星》（*Nova*）為他的一生製作紀錄片，如今他被比擬為「韓國版的史蒂芬·霍金」。李教授常說：「幸好我只傷到這個程度。」他成立輔助復建工程中心，開始為身障者開發技術，並且為消除大眾對身障者的偏見挺身而出。他真心認為自己是「幸運兒」，也為可以重新站上講台感到幸福。他說：「曾經滿腦子只有工作的我，在意外發生後，反而更清楚自己想要的是什麼。」還不忘補上：「我是超級幸運兒。」

一位友人與李尚默教授相識已久，說李教授本人性情溫和、樂觀，讓身旁的人感到舒服。他樂觀的性格，也在電視上表露無遺。儘管需要他人幫助才能以尿管導尿，然而他在這樣的情況下，反倒更努力讓旁人感到溫暖、舒服。

他說：「因為這場意外，心裡反倒有一部分變得更平靜。比起追求、執著於辦不到的事情，現在更重要的是專注於能力所及的事情。」他以臉部表情操縱電動輪椅，以嘴唇控制滑鼠，即便如此，他也依然活躍於研究活動，甚至成為比意外之前更受世界關注的學者。

在意外發生五年後，他與韓國電信公司KT共同開發重度身障者使用的IPTV（網路電視）。像李教授一樣手腳完全無法使用的身障者，從此不必旁人的幫助，就能使用口控滑鼠開啟電視，並且跳轉頻道和調整聲量。李尚默教授曾說：「我不會把發生在我身上的意外看作是不幸的開始，意外反倒改變了我人生的方向，讓我得以看見其他未知的世界。」他一方面像這樣扮演勵志導師的角色，為身心障礙學生帶來希望，一方面付出所有熱情，為身障者開發富有溫度的整合技術。

正如李尚默教授所言，「只要克服得了逆境，逆境也是有好處的。」換句話說，只要能克服逆境，遭遇逆境絕對要比一帆風順來得好。而且能否克服逆境，關鍵不在於逆境本身，而在於遭遇逆境的人。成功與否，全繫於克服逆境的力量——復原力。

當然，不是所有人都擁有這種復原力。即便如此，像李尚默教授那樣擁有強大復原力的人，並非極少數或特例，反而要比預期的多。就目前所知，全球有三分之一左右的人口，在面對人生的逆境時有著堅強的韌性。這代表每三個人當中，就有兩個人在遭遇逆境時，可能因此一蹶不振或跌落谷底，而另一人則是穩健地克服逆境，獲得更大的成長與發展。

這些在逆境中重生的人，稱為復原強者（resilient group，R組）；反之，遭遇困境便消沉、屈服的人，稱為復原弱者（fragile group，F組）。在所有人口中，R組與F組的比例約為一：二（一比二法則）。李尚默教授當然屬於R組，而且是R組中頂尖的代表個案。不過這個分類並非永遠不變的原則。許多研究證實，原本屬於F組的人，能透過努力和訓練進入R組，而已經屬於R組的人，也能繼續提高復原力[2]。接下來，我將深入探討復原強者的特徵。

〈我想知道真相〉專題報導

透過許多新聞報導與當事人的著作，李尚默教授的故事已經廣為人知，而其中介紹得最詳盡的是二〇〇九年二月十四日於ＳＢＳ播出的〈我想知道真相——戰勝絕望者的七大祕密〉。二〇〇八年底，〈我想知道真相〉節目製作小組聯繫我，說明年將會是全球金融危機中最困難的一年，希望介紹一些能帶給觀眾希望的故事，因此前來徵詢我的建議。

當時，我向製作小組介紹「復原力」的概念，並且強烈建議專題探討這個議題。由於當時「復原力」尚未具體介紹給韓國一般大眾，也沒有以一般民眾為對象進行過全國性的調查，所以我決定既然要做，乾脆順便和〈我想知道真相〉製作小組一起調查韓國民眾的復原力指數。

於是在對復原強者與弱者進行腦波實驗的同時，我們也首度委託專業調查機構檢測全國三〇九人的「復原力指數」（RQ，Resilience Quotient），這是韓國史上頭一遭。即便是當時，韓國也尚未開發出適合一般民眾的ＲＱ測驗工具，所以我們先翻譯由凱倫·瑞維琪（Karen Reivich）和安德魯·夏提（Andrew Shatte）開發的五十六道題問卷，用於實施測驗[3]。藉此，我們得以大致比較韓國人和美國人的復原力水準，並且在節目中介紹相關內容。

檢測結果顯示，韓國人在樂觀性、原因分析能力、同理能力等方面，幾乎與美國人水準相當，然而在情緒控制能力、自我效能（self-efficacy）、積極挑戰性等方面，卻出現明顯低落的數值。不過也有分數較突出的項目，那就是衝動控制能力。也就是說，韓國人只有在衝動控制能力（克制一切慾望，努力達成目標的能力）上，得到比美國人更高的分數，這個現象非常值得關注。

除了李尚默教授的故事外，〈我想知道真相〉也深入挖掘許多戰勝各種考驗的個案故事。例如二十八歲的禹政勳是韓國 B-boy 界的元老，也是第一代街頭舞者。經過九年的愛情長跑，他終於踏入婚姻殿堂，正準備過上幸福的新婚生活時，某天忽然發生交通意外，成了下半身癱瘓的身障者。這距離他結婚還不到八個月的時間。然而在他的身旁，有一位勇敢接受這次巨大的考驗，並且總是對丈夫保持笑容，悉心照顧丈夫的妻子金成姬。禹政勳遭遇意外不到一年，便回歸正常生活。他坐在輪椅上，登台唱饒舌歌，積極擔任 B-boy 專業主持人和廣播人，也開始在大學講課。有人問他：「戰勝挫折的力量是什麼？」他回答：「每天和妻子聊天。」

在一次訪談中，禹政勳的妻子金成姬帶著開朗的表情說道：「要是沒有發生意外，我們大概永遠不知道自己能帶給彼此多大的力量，也不會知道自己在對方眼中是多麼重要的人。要是沒有這場意外，我們可能更在意自己，吵架吵得更兇，衝突更嚴重吧！」禹政勳也沒有去想自己因為這場意外失去了什麼能力，從此活在痛苦之中，而是正面接受了命運的安排，尋找自己「仍然擁有」的能力，發揮自己的「力量」。

復原力不只能幫助人們克服身體上的障礙。柳春玟曾是在釜山經營韓牛餐廳的企業家，年銷售額超過五十億韓元。這家餐廳位於山坡上，佔地廣闊，面積達一萬一千坪，包含能遠眺海洋的景觀步道。光是座位就超過五百席，員工也超過百人。然而一九九七年韓國金融危機爆發，銷售額腰斬，屋漏偏逢連夜雨，兩年後又爆發狂牛病。隨著債務不斷增加，經營餐廳的他，總共欠下了一百億韓元的債務。

最後，柳春玟只能咬牙出售餐廳還債，淪為一介窮光蛋。他檢討失敗的原因，認為是自己太輕易成功而不可一世，卻也如釋重負地說：「如果我太貪心，勉強撐到破產前的最後一刻，哪還有錢資遣員工？幸好賣掉餐廳還有剩一些錢。」一夕之間淪為窮光蛋的他，和妻子經過四年的打拼，終於以八千萬韓元開了一家十四坪的小麵店。柳春玟一邊笑著切菜，一邊接受採訪的模樣，洋溢著明亮的光輝。現在一整天賣麵賺的錢，常常連過去餐廳一桌的收入都不到。儘管如此，他卻說：「現在的目標是一天賣一百碗就好，我很開心有這個目標。」話中透漏著希望。「以前煩惱這個煩惱那個，現在無煩無惱。每天都很感恩。」

和柳春玟一起努力經營麵店生意的妻子也說：「某些方面當然不錯，感覺好像回到了原點。以前經營大型餐廳的時候，覺得輕飄飄的，沒有腳踏實地的感覺。但是現在回到了原點，一步一腳印，過得很踏實。」柳春玟也和禹政勳說了類似的話：「我最在意的不是現在擁有多少，而是我現在在做什麼，所以我才能笑著過每一天。」

接著來看金東男社長的案例。他在京畿道水源經營一家只有五名員工的小型豆腐工廠，曾自嘲自己是一輩子脫離不了貧困的人。尤其是韓國金融危機爆發時，他連最後一絲希望都破滅，陷入了完全的絕望之中。「就算安分守己，努力打拼，到頭來還是活得這麼淒慘。」他對生活感到悲觀，開始沉迷於酒精，最後淪為街友。他整天喝得爛醉，倒在公園呼呼大睡，一睜開眼睛，又立刻找酒喝，似乎這樣才能打起精神，活得像個廢人。幸好後來他被成立街友收容所的禹正燮發現，跟據禹正燮的說法，發現金東男的時候，他甚至沒辦法自己走路，被其他人揹著送來收容所。金東男在收容所安置期間，仍繼續酗酒，數度被送往醫院治療。可以說死神已經來到面前，他的情況毫無希望。

金東男說，他知道自己當時正站在人生最後的岔路上，必須選擇是要就這樣死去，還是要再好好活一回。當他意識到自己已經無路可退，最終只有一死的瞬間，他突然感覺到心底湧出一股不得不振作起來的堅強意志力，連自己都嚇了一跳。直到人生墜落谷底，他才終於看見奮起的力量。

他在街友收容所附近一個兩坪大小的狹小空間內，安裝了一台二手豆腐機器，開始製作豆腐。初期做出不少瑕疵品，他也免費分送給附近住戶。經過堅持不懈的努力，豆腐工廠逐漸步上正軌。他說：「去年銷售額大概是兩千五到三千萬韓元，今年我再加把勁，希望無論如何都要達到四千萬韓元。」

時至今日，金東男仍然每兩個月送一次豆腐去收容所。在街友收容所，他被稱為「活生生的神話」，因為他靠著強韌的意志成功重生。金東男的夢想是把豆腐工廠打造成社會企業，提供像自己一樣身處困境的人工作的機會。他說自己的人生之所以改變，原因在於「非活下去不可」的明確目標。正是這樣的目標，帶給他重生的意志力。金東男也這麼說過：「那時候整天抱怨父母，怪罪社會，用酒精來發洩挫折感。現在回想起來，正是因為有那樣的痛苦和絕望，才有今天的我。」

這裡有一點值得我們注意，那就是他們看待自身逆境的正面態度。李尚默教授說：「我得到的比失去的更多。」稱自己是「幸運兒」。禹政勳與妻子金成姬說：「多虧意外，我們更加珍惜彼此。」柳春玫和他的妻子也說：「以前有很多煩惱，現在無憂無慮。每天都很感恩。」金東男社長也說：「多虧過去的痛苦和絕望，才有今天的我。擁有希望和目標是很幸福的事。」

這些人並不是克服了逆境，所以才正面看待逆境，而是因為正面看待逆境，所以才能克服逆境。正面接受逆境，並且將之轉化為再起的機會，正是復原力的關鍵。以下繼續來看復原力的其他案例。

艾米．穆林斯與她的十二雙義腿

艾米．穆林斯（Aimee Mullins）是患有先天性畸形的身障者，出生時沒有腓骨，一歲時接受雙腿截肢手術，膝蓋以下腿部完全切除。儘管如此，穆林斯日後被譽為是「改變人們對身障者的偏見，帶給身心障礙者希望的人物」，她的名字也登上《時人》（*People*）雜誌選出的「世界最美女性五十人」。她強力主張身心障礙者並非有所缺乏的人，而是擁有獨特特徵與嶄新可能性的人。

根據穆林斯的說法，至今仍有許多人對身心障礙者帶有偏見。穆林斯說她不會去想自己身上的障礙，而是透過多場演講，反問人們女性真正的美在哪裡、什麼是身心障礙。在TED網站上，就能找到她的演講影片。其中最令我印象深刻的一幕，是她演講時把自己多組義肢擺在舞台上，並且拿起其中一隻義肢如此說道：「性感女神潘蜜拉．安德森（Pamela Anderson）比我做了更多修補手術，但是沒有人說潘蜜拉．安德森是身心障礙者吧？」

其實看她演講的模樣，跟一般人沒有什麼區別。不僅如此，穆林斯還說自己的雙腿，帶來了「化不可能為可能」的驚人力量。這不只是一句形容。因為她並非克服身心障礙才獲得成功，而是「多虧」身心障礙才能成為超級巨星。穆林斯不僅是運動選手、時尚模特兒、電影演員，更進行數場激勵人心的演講，積極從事多采多姿的活動，而她自己也明白，這一切都是因為沒有雙腿才得以實現。

穆林斯在進入美國華盛頓的喬治城大學就讀，以美國代表隊選手出賽帕奧後，從此一戰成名。她穿上義肢，在一九九六年帕拉林匹克運動會的百米短跑、兩百米短跑及跳遠項目刷新世界紀錄。她也曾擔任時尚模特兒，在英國服裝設計師亞歷山大．麥昆（Alexander McQueen）的一場倫敦時裝秀，穿上與靴子一體成型的特製人工義肢，自信地漫步在伸展台上。除此之外，穆林斯在從事寫作、演講等活動的同時，也積極以電影演員的身分拍攝電影。她還是一名勵志演說家，透過精彩的演講激發人們的勇氣。

藉由自己的人工義肢，穆林斯為人體的各種美開拓了新的境界，並引以為豪。她認為自己身上款式各異的人工義肢，是揉合了傳統美的元素與先進科學技術的傑作，而這種義肢與人體的結合過程，是一項富有意義的挑戰，也只有她才能辦到。

穆林斯擁有各種款式的人工義肢，可以輪流穿戴較長或較短的義肢，調整自己的身高將近八公分左右。某天，在一場非正式的聯誼聚會上，許久未見穆林斯的朋友，對穆林斯忽然增加的身高大吃一驚，說不知道穆林斯的身高竟然這麼高。穆林斯說她只是穿了較長的義肢來，朋友不禁以真心羨慕的口吻大呼：「這太不公平了！」這不是一句玩笑話，而是真心話。穆林斯將缺腿的事實，轉變成足以讓朋友羨慕的獨特優點，而不只是身體上的障礙。

穆林斯不僅僅克服了缺腿的障礙，更利用自身的障礙作為墊腳石、武器，實現了那些沒有身心障礙就不可能達成的事。穆林斯的案例告訴我們，自身的特點是成為弱點，還是成為優勢，端看自己如何運用這樣的特點。

派翠西亞．惠韋、J. K. 羅琳、安徒生

住在英國的派翠西亞．惠韋（Patricia Wheway），曾是一位職場婦女。然而那年正值事業衝刺期的她，毅然放棄工作，決定當個全職家庭主婦。更準確來說，她是為了孩子而決定回歸家庭。說到這裡，讀者心裡可能浮現一個常見的形象——為了孩子的教育而不惜犧牲一切的「孝子」媽媽。不過派翠西亞犧牲的原因，在於兒子患有嚴重的身心障礙。

派翠西亞的兒子喬治患有癲癇與學習障礙，還有飲食失調症。隨著時間增加，派翠西亞越加確信孩子食用的一切食物，都讓孩子的健康狀態更加惡化。喬治對牛奶、麩質食物和幾乎所有食品添加物都有過敏反應，每吃必吐、必拉，又有過敏症狀，再加上時不時發作的癲癇，派

翠西亞經常抱著年幼的兒子徹夜流淚。

派翠西亞幼年也過得不算順遂。擔任空軍的父親，在她五歲的時候過世。父親死後，母親開始四處漂泊，居無定所，每年在英國各地輾轉流浪，而派翠西亞也只能每年轉學。

派翠西亞人生最大的逆境，發生在長子喬治出生六個月後被診斷出癲癇的時候。偏偏喬治這時又出現注意力渙散和學習障礙的問題，還有嬰幼兒慢性腹瀉症狀。然而就在某天，派翠西亞不經意從電視紀錄片上，得知食物問題不僅會造成腹瀉，甚至可能誘發自閉症。從這一刻起，她不再給孩子含有麩質的麵粉製成的食物，結果腹瀉的情形立刻消失。派翠西亞也開始盡可能不餵孩子吃有食品添加物的產品，結果孩子注意力渙散的情況也有所改善。在喬治五歲時，派翠西亞發現光是調整飲食，就能解決喬治的許多問題。

不過，問題就在於不含麩質和食品添加物的產品難以取得。儘管派翠西亞翻遍住家附近的超市和健康食品店，也幾乎找不到可以給孩子吃的安全食物。無奈之下，她只好每天為孩子烘焙不含麩質的麵包，親手製作孩子吃的所有食物。

之後派翠西亞終於下定決心，要靠自己的力量改變飲食產業。她寄信給英國最大物流公司TESCO 的經營團隊，說明自己要為過敏患者製作食物的計畫，並主張任何一家有規模的超市，都應該販售這些食物，藉此說服 TESCO。她一五一十交代了兒子的情況和自己的處境。

出乎意料的是，TESCO經營團隊接受了派翠西亞的提議。TESCO委託派翠西亞開發過敏患者專用的食品，著名的「Free From」（不含某物質的食品）系列就此投入生產與流通。二〇〇六年，派翠西亞成為TESCO的品牌經理。除了「Free From」系列產品外，她也開始開發無添加物的「Tesco Kids」系列和「Fair Trade」（公平貿易）系列。如今，她已經成為主導英國食品產業的人物了。

為了孩子的疾病放棄所有職場履歷的派翠西亞，反倒累積了更耀眼的經歷。派翠西亞也像穆林斯那樣，將逆境化為奮起的機遇。她不是身處逆境卻能成功，而是多虧逆境才過上成功、幸福的人生。要是派翠西亞缺乏復原力，也許會屈服於自己遭遇的逆境，對自己的處境感到悲觀，每天活在淚水與絕望之中吧。

《哈利波特》作者J. K.羅琳在二十歲出頭的年紀，從英國遠赴葡萄牙，與當地的男人結婚，卻在生下女兒兩年後離婚。成為單親母親的她，和年幼的女兒身無分文地回到英國，接受政府補助，過上勉強餬口的生活。她受盡貧窮的折磨，曾經想帶著幼女一死百了，甚至連憂鬱症也找上她。窮得連一本童話書都買不起，無法為女兒朗讀童話書的J. K.羅琳，開始創作讀給孩子聽的童話故事。《哈利波特》就此誕生。最終，《哈利波特》系列大賣，她也因此成為比英國女王更富有的人，甚至登上富比士世界五百大富豪榜。

J. K.羅琳曾說：「當我最害怕的失敗成為現實的那一刻，我反而感到無比自由。雖然失敗了，我依然活著，有我深愛的女兒，還有一台老舊的打字機和無限的點子。人生的低谷，反而成為我開展新人生的穩固基礎。」

童話作家安徒生也曾回顧一生，認為自己面臨的逆境是真正的幸運。他出生於極其窮困的人家，沒有上過國小，還經常遭受酒精中毒的父親虐待。他日後以童話作家名聞世界時，曾如此說道：「回想起來，逆境真是我最大的幸運。因為貧窮，我才能寫出《賣火柴的少女》；因為被笑長得醜，我才能寫出《醜小鴨》。」

克服逆境的人，都不約而同像這樣正面看待自身的逆境，並且將逆境看作是成功與奮起的基礎與原動力。

被醫師宣判死期的患者

對於被宣判死期的人，復原力也能帶給他們力量、勇氣與幸福。在罹患不治之症而被宣判死期的人當中，有不少人說現在反而比過去的人生更加幸福。因為自己想做的事情、真正有意義的事情，他們都會立刻付諸行動，不再拖延。

一份研究曾對七名惡性腦瘤病患與二十二名家屬進行深度訪談，這些病患已被宣判死期，沒有任何康復的可能[4]。在這次的訪談中，病患們說自己目前的處境儘管充滿痛苦，但是在這個過程中，他們得以發現自己內在原有的堅強與復原力。他們對於能向家人或好友分享自己的經驗，尤為感激。

在瀕臨死亡前的數個月，這些病患說他們罹患不治之症後，領悟出了一個道理：沒有罹患不治之症，就不可能有現在的成長。也有病患說，在被宣判死期的那一刻起，自己的人生才算真正開始。在醫師宣判死期後，反倒「讓人細細回顧過往人生，並且得以享受生命的每一個瞬間」。甚至還有病患說：「這帶給我勇於挑戰和對抗的特殊力量。」令人訝異的是，被宣判死期的病患對自身的處境和他人，表現出充滿感恩的正面態度。

目前為止介紹的案例，可以說都是正面看待自身的痛苦與考驗，積極接受，並且將那樣的逆境轉變為東山再起的基礎。但是，這些案例究竟是怎麼辦到的？遇到悲傷與痛苦，當然會想立刻逃離當下的狀況，這是人之常情。然而他們卻能正面看待痛苦和挫折，這是為什麼呢？對此，諾貝爾經濟學獎得主丹尼爾・康納曼（Daniel Kahneman）教授提供了明確的解答。

發現復原力

大腸鏡實驗

心理學家丹尼爾．康納曼教授不僅是心理學家，更獲頒諾貝爾經濟學獎。他證明了人類的行為和決策，並非如古典經濟學中假設的理想人類那樣，由充滿算計的利害關係和機械式的合理性所決定，他的主張開啟了行為經濟學的新領域。古典經濟學最基本的假設，是人類清楚知道自己要的是什麼，並以此做出理性、合理的決定，然而康納曼教授一舉推翻了這個假設。

根據康納曼教授的主張，每個人都同時存在兩個截然不同的自我，分別是「經驗自我」（experiencing self）和「記憶自我」（remembering self）。經驗自我是感受當下經驗的自我，這個自我想要享受當下的喜悅或快樂的事物，逃避難過與痛苦；記憶自我是回想、判斷過往經驗的自我，而這種「回想」是以講述故事的形式呈現。然而上述兩種自我的判斷大多不一致，這是康納曼教授理論的核心。對未來的預測以及決策（例如現在該做什麼事、該如何做等），完全取決於記憶自我。換言之，我們生存在這個世界上，最重要的影響因素是記憶自我。

舉幾個具體的案例來說明。例如現在正在閱讀本書，同時產生某些感受和想法的，是你的經驗自我；而讀完本書後，回想本書內容，並且與其他人分享的，是你的記憶自我。問題就在於經驗自我所感受的，和記憶自我所記住的內容，並非完全一致。

康納曼教授針對接受大腸鏡檢查的病患，研究他們的經驗與記憶，其研究結果證明了上述的事實[5]。康納曼教授團隊將接受大腸鏡檢查的病患任意分為兩組，A組如平時檢查程序，在完成大腸鏡檢查後，立即取出內視鏡，而B組病患在完成大腸鏡檢查後，並未立刻取出內視鏡，刻意放置一段時間。

下頁圖1是這個研究結果的總結。圖表的橫軸是檢查進行的時間，縱軸是病患在接受檢查期間感受到的疼痛強度。A組病患經歷了八分鐘痛苦的檢查，接著在最痛苦的時刻瞬間結束；反之，B組病患相對接受更長時間的檢查，達二十四分鐘之久，前段也經歷了與A組病患相當的痛苦時刻。比較兩組結果，就「經驗自我」來看，B組承受了更大的痛苦，因為在A組檢查結束後的休息時間，B組依然承受著痛苦。然而「記憶自我」的感受完全相反。

檢查完成的一個小時後，詢問兩組病患疼痛強度與是否願意再次接受檢查，出人意料的

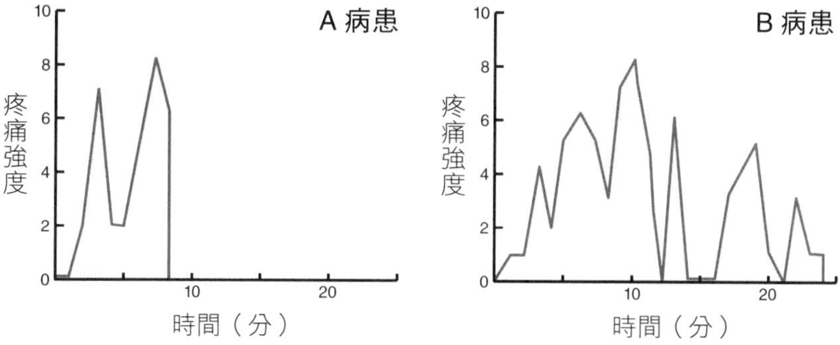

出處：Redelmeier & Kahneman(1996).

〈圖 1〉

是，B組記憶中的檢查最不痛苦，而B組願意再次接受檢查的比率，也高出A組許多。原因在於A組的檢查在最痛苦的時刻瞬間結束，對檢查一直有著痛苦的「記憶」，而B組的痛苦逐漸遞減，最終結束，所以對檢查的「記憶」較不那麼痛苦。由此可見，經驗自我和記憶自我是截然不同的存在，在人們面對任何事件或經驗時，都會有完全不同的判斷。

康納曼教授發現經驗自我和記憶自我是截然不同的存在，這樣的發現不僅影響整個社會科學，也延伸至探討「何謂人」的哲學問題，可以說是顛覆普遍對人類的基本認識的概念。這個概念首先關係到對與錯的道德問題。正如上述的案例，究竟要為了減輕病患痛苦的「記憶」和「幸福」，而把內視鏡放在體內一段時間才好？還是檢查結束，立刻取出內視鏡才對？醫師很難判斷哪一個才是更有道德、更正義的選擇。此外，區辨這種記憶自我和經驗自我的問題，不僅是個人的問題，也是整個社會需要面對的課題。什麼樣的政治選擇較為合理、較具有正當性，成為人們相當棘手的問題。同時，這個問題也是政治哲學的問題，它對於人類「何謂自我？」提出了最根本的疑問，站在全新的層次引發對「正義實現」的討論，而這是約翰·羅爾斯（John Rawls）、邁可·桑德爾（Michael Sandel）都不曾思考過的問題。

復原力正是這個「記憶自我」的問題。記憶自我是不斷為自己的經驗賦予意義，建構生命故事的自我。如果有人的記憶自我能為苦難與逆境賦予正面意義，正面講述故事，這個人就能稱為復原強者。以下將要介紹復原力的概念是如何被發現的。

夏威夷考艾島的大型研究

在夏威夷群島的西北邊盡頭，有一座考艾島（Kauai，或譯可愛島），邊長五十公里左右，人口不超過三萬人。島上自瀑布傾瀉而下的絕美水流蜿蜒在溪谷間，形成神秘壯觀的景象，型態特異的峽谷與岩石構成優美的風光，盛開的花朵與青青草地點綴著生機茂盛的大地。這座島的威亞雷雷山附近，據說一年有三百五十天都在下雨，可以說幾乎天天下雨。這些雨水切割山頭，形成溪谷，而多道水柱傾瀉而下的瀑布匯集成流，滋潤附近土地成為一片綠色庭園。由於整座島就像一座茂密的熱帶庭園，所以又有「庭園之島」的別稱。考艾島也是電影《南太平洋》（*South Pacific*）、《藍色夏威夷》（*Blue Hawaii*）、《侏儸紀公園》、《開麥拉驚魂》（*Tropic Thunder*）的拍攝地。

雖然考艾島是一座天堂般的島嶼，可以體驗大自然的夢幻與神秘之處，不過早在一九五〇年代，考艾島卻是當地居民渴望逃離的地獄之島。夏威夷群島在一九五九年併入美國第五十個州，在此之前，考艾島尚未被開發為觀光區，還是一片蠻荒之地。島上居民世世代代承受極端的貧窮與疾病之苦，多數居民是犯罪者或酒精成癮者、精神病患。就連學校教育也無法全面推動，青少年的偏差行為極為嚴重。在這座島上出生，意味著人生不幸的開始。

當時的考艾島上，居住著不同人種與不同階級。隨著十九世紀左右白人開始移居此地，各地開墾出許多甘蔗園，此時從中國、玻里尼西亞、日本等地前來甘蔗園工作的人口大量流入。此外，尚有二十世紀初從波多黎各、韓國移入，二次世界大戰後從菲律賓移入的眾多移民者。移民此地擔任傳教士或甘蔗園管理者的歐洲人後裔，形成上流階級；接著身分階級快速提高的中國、韓國與日本人，佔據了中產階級；至於波多黎各、菲律賓移民與夏威夷原住民等人，大多是最底層的階級。考艾島多數居民在經濟上極為弱勢。雖然也有極少數上流階級的孩子，不過大部分孩子只能和惡劣的家庭環境與社會經濟條件對抗。

考艾島縱向研究

南北韓戰爭結束翌年，一群學者從美國本土出發，抵達充滿絕望與挫折的這座島上，其中包含了小兒科醫師、精神科醫師、社福專家、心理學家等各個學術領域的研究人員。而日後在社會科學史上留名的大型研究——考艾島縱向研究（長時間針對相同研究對象進行追蹤調查的研究），也在此時展開。

這些研究人員開始著手一項大規模的研究計畫，他們追蹤調查一九五五年出生於考艾島上的八百三十三名新生兒，直到他們長大成人為止。考艾島之所以被選定為研究對象，最重要的原因在於其惡劣的社會經濟環境。一個人出生後可能經歷的所有不幸，都發生在考艾島上。而且在這座島上出生的人，成人後大多繼續住在這座島上。人口流動相當低的這座島，就像一個封閉的世界。

研究人員以一九五五年整年出生在考艾島上的所有新生兒為研究對象，不過其實這些孩子在出生之前，已經是調查對象了。從前一年開始，研究人員已經調查所有即將生產的產婦。這項研究之所以具有劃時代的意義，原因在於日後幾乎不可能進行類似的研究。要在民主國家對符合一定條件的所有人進行調查研究，事實上困難重重。因為這項實驗必須強制將所有人當成實驗對象，不管受試者是否有意願參加。然而這種普查（不採集樣本，以所有調查對象為研究對象）方式，在一九五〇年代後期貧困的美國殖民地考艾島上實現了。

在考艾島上，無論懷孕的產婦是否已經結婚，甚至是十多歲未成年的產婦，也毫無例外成為研究對象。而被選為研究對象的這些新生兒，從他們在母親肚子裡開始，已經被記錄下所有想像得到的數據。研究人員藉由長期的訪談，詳盡記錄產婦的健康、家庭關係、職業、性格等一切項目。不只是產婦，與胎兒家庭成員相關的詳細資料也包含在內。

這項研究可以說是一項野心勃勃的嘗試，企圖具體且全面地觀察一個人從母親腹中開始，到出生後所經歷的各種健康上的問題、事故意外、家庭環境或社會經濟環境等，會對當事人的成長過程帶來什麼樣的影響，又有多大的影響。這項研究持續進行至孩子們成人後的三十歲為止，其中有將近九十％的調查對象全程參與。像這樣時間跨度相當長，並且達到極高保留率的研究，在縱向研究中可謂鳳毛麟角。

直到一九七一年，這項十餘年來追蹤調查考艾島一九五五年生兒童的研究，才以《考艾島兒童的縱向研究》為題首度發表研究成果。這些孩子到十八歲為止的研究結果，則在一九七七年出版第二本書。這項研究所發現的結果相當驚人，足以顛覆我們看待世界的觀點與生活的方式，只是研究人員當時並察覺到這個事實。

考艾島上的研究人員只在意哪些因素會讓一個人變成社會適應障礙者，又是否將他們的人生帶向不幸。兒時的哪些經驗或事件，會誘發日後的疾病、性格缺陷、社會適應障礙、無能、憂鬱症、精神疾病、犯罪等問題，是他們研究的焦點。儘管長期投入大量的時間與金錢，然而得到的研究結果並沒有脫離普遍常識太多。例如越是殘缺家庭的孩子，越難以適應校園或社會；父母個性或精神健康出現異常時，會對孩子造成負面影響；親子關係或同儕關係越好的孩子，自律性與自我效能越高。這種程度的發現，其實不必經過大規模的調查也能猜得出來。結果只是重新驗證了既定的事實。

就算有些特殊的發現，也僅止於「女孩更能承受外在危險因素」的程度而已。女孩比男孩更早熟（這也是人盡皆知的常識），出生後短短幾週，男女間的成熟速度便已出現差異。男孩攻擊性較強，容易感到挫折，也較為衝動。他們與父母或老師產生衝突的可能性較大，實際上也在學校或家中製造更多問題（這也是眾所周知的事實）。社會賦予男孩更多性別角色的期待，男孩從小便被要求表現得更男性化。女孩即使稍微有些男性化，也可以被社會接受，但是男孩如果表現得女性化，就會成為他人恥笑、嘲弄的對象。但是還有另外一個問題，男孩在家庭或校園中，卻少有機會遇見適合做為性別角色典範的男性。這些結論雖然是對五十年前考艾島上孩子進行調查的結果，事實上更像是在說最近韓國的孩子。

這種程度的結論可謂了無新意。再說這還是在全球人類引頸期盼下展開的超大型研究計畫，想到這點，更令人失望。在第二本書出版後，儘管研究仍持續進行，這項計畫卻開始淡出人們關注的視線。

艾美・維納的發現

在考艾島研究中負責資料分析的艾美・維納（Emmy Werner），是一位心理學家。她堅信在這堆龐大的資料中，一定還有值得我們學習的地方。於是她盡一切努力，試圖釐清兒時經歷的困難，是否會在日後引發類似問題的具體因果關係。例如母親如果是酒精成癮者，子女酒精成癮的機率是否較高？十多歲未婚媽媽生下的孩子，是否誤入歧途的可能性更大？父母離婚的孩子，是否會表現出更具攻擊性的傾向？母親沒有親餵母乳的孩子，會出現哪些心理上、生理上的問題？在三代同堂的大家庭中生下的孩子，和在單親父母照顧下長大的孩子，會在社會適應方面出現何種偏差？

因為如果能澈底釐清這種因果關係，那麼即使只看孩子的出生與教養環境，也能某種程度預測孩子適應社會的可能性，而這將會為整個社會帶來巨大的迴響。艾美．維納帶著這個信念，從整體研究對象中，選出在最惡劣的環境下長大的二〇一人。這裡我們必須記住一點，一九五五年出生於考艾島上的孩子，可以說大多在艱困的環境下誕生，足見島上社會經濟條件相當惡劣。在這種情況下，艾美．維納又特別選出生活條件極端惡劣的一群人。這些孩子具有以下的共通點：出生於貧困階層；出生後經歷過大大小小的困境；家庭嚴重失和，父母分居或離婚；父親或母親其中一方有酒精成癮或精神疾病。

這二〇一人可謂名副其實的「高危險群」，分析有關他們成長過程的資料，可以發現他們實際上比其他組有著更嚴重的校園生活適應不良與學習障礙，在校園與家中引發各種衝突。這些人一到了成年，大多不是因為捲入暴力事件而頻繁進出少年感化院，就是已經有多次犯罪的紀錄，或者罹患精神疾病，或者成為未婚媽媽。這些人確實比其他孩子有更高的比率淪為社會適應障礙者，而艾美．維納最終並未解開自己想了解的問題。因為在這些孩子經歷的各種考驗之間，似乎並不存在具體的對應關係。

再說出現這些問題的孩子，只佔三分之二。當然這是相當高的比率，不過這也代表其餘三分之一的孩子並未出現太大問題。這又是另一個讓艾美．維納頭痛的問題。在高危險群的孩子當中，相當於三分之一的七十二人並未出現太大問題，這肯定有什麼地方出了差錯。是資料調查得不夠澈底？還是孩子們沒有誠實回答？究竟哪裡出了差錯？艾美．維納教授在整理這些高危險群孩子在十八歲左右的訪談結果時，特別注意到其中一位名為麥可的孩子。

麥可在島上最惡劣的環境下出生、長大。出生當時，她的母親是年僅十六歲的日裔少女，父親是十九歲的菲律賓少年。這對十多歲的少年、少女，在麥可出生前三個月才勉強成婚。雙方家庭當然都強烈反對，不過在經過一番曲折之後，兩人總算結婚，生下麥可。

麥可是早產兒，出生時只有兩公斤，出生後整整三週，都在設備落後的軍醫院保溫箱內度過。當麥可與母親出院返家時，他的父親並不在家。麥可父親在南北韓戰爭後期受到徵召，甚至多服役兩年後才回家。

麥可十歲時，底下多了三個弟妹。也在此時，他的父母決定離婚。二十多歲的母親拋棄了麥可和其他孩子，離開了考艾島，從此再也沒有踏上考艾島一步。麥可的父親帶著四個孩子回到爺爺家定居，然而麥可的父親和爺爺水火不容，經常發生衝突，家中的氣氛相當糟糕。

到了這個階段，麥可差不多要淪為毒品成癮或少年犯，或者至少該是社會適應障礙者了。這才符合常識吧？只有這樣，這個大型研究的基本假設才能繼續成立。然而艾美．維納教授眼中的麥可，卻像是用盡全身的力量，去抵抗這項研究認定的常識。從結論來說，麥可完全顛覆了艾美．維納的常識。

令人驚訝的是，如今剛成年的麥可，已經蛻變為一位開朗活潑且充滿魅力的青年。他從國小開始，成績總是名列前茅，閱讀能力也一直在同儕之上。升上高中後，他的成績更跌破眾人眼鏡，SAT（美國大學入學考試）分數排名全美前十％，在校成績也幾乎是A，排行全校前十名。不僅如此，他在學校的人際關係良好，也曾獲選為社團代表和學生會長。麥可當時已經收到美國本土知名大學的入學許可，並取得獎學金。他一步步擬定具體的就業計畫，夢想當一名老師。他堅信自己人生中得到的一切好處，都是自己努力的結果。麥可不僅性格正面、自律，也謹守法紀，過著無比幸福的生活。他正是世上所有父母和學校教育渴望教養出的理想青年。艾美·維納重新檢查了麥可的資料，然而資料調查得相當澈底，毫無差錯。麥可的案例只是違背了常識。他似乎克服了所有降臨在自己身上的逆境，這迫使艾美·維納不得不從全新的觀點來看待這項研究。

艾美·維納教授反覆閱讀了麥可的所有紀錄與訪談資料。究竟這個案例是怎麼發生的？艾美·維納教授理所當然認定麥可的案例是相當罕見的特例。然而令人驚訝的是，類似情形不只發生在麥可身上。在尋找麥可與其他孩子的差異的過程中，艾美·維納不僅沒有發現差異，反倒接二連三發現更多與麥可類似的案例。

夏威夷裔的凱伊，也是十多歲未婚媽媽的孩子。凱伊母親因為懷孕而被迫離開學校，同樣十多歲的父親也沒有工作。這對年輕情侶從十歲初頭開始相戀，已經與彼此互訂終生。雙方家長當然強力反對。經過一番曲折後，凱伊母親被家事法院送往位於檀香山的救世軍家庭，好不容易在那裡生下了凱伊。她原本打算放棄凱伊的撫養，等待其他人領養，不過並未成功，最後只好親自養育。

凱伊的父母在凱伊六個月大的時候終於完婚，並且在五年與十年後各生下一個弟妹。就像多數十多歲情侶的婚姻一樣，凱伊父母的婚姻生活並不順遂。兩人經常吵架，最後走到分居。凱伊跟隨父親生活，母親時常來探望。凱伊在成長過程中，始終相信父母依然深愛著彼此，只是各自過著不同的生活。

儘管在如此惡劣的環境下長大，凱伊在十八歲時，仍出落成一位成熟且充滿自信的優秀青年。她具備洞察力與價值觀、目標，不輕易表現出矛盾的情緒。她在社會化、自我控制、良好印象、團體精神、女性特質方面得到高分，為人誠懇、努力、文靜。她也具有耐性與基本常識、判斷力、自信，懂得尊重與接納他人。雖然野心不大，卻懂得善用自己的能力。長大後的她曾說：「我和其他人相處融洽，也有工作的能力，希望婚後過上幸福的生活。而且我覺得自己的個性非常好。」從各項指標來看，相較於在良好環境下出生、長大的孩子，凱伊的態度更正面，能力更強，也更充滿自信。

不只是麥可或凱伊，梅莉也在極其貧窮困難的環境下長大。梅莉的母親是菲律賓裔白人，在多次流產後，好不容易懷上梅莉。懷孕期間，仍有體重過重等各種健康上的問題。產下梅莉前，母親就因為嚴重假性陣痛而住院三次，最後在歷經二十個小時以上的產痛後，才終於生下梅莉。

梅莉母親是一位不及格的母親。從梅莉五歲開始，她身患重病，多次接受手術和住院治療。她是重度精神官能症患者，多次進出精神醫院。她是個神經質的人，經常對梅莉和妹妹大呼小叫，又說擔心自己可能會對孩子造成傷害。這五年間梅莉多次受到母親肉體上和精神上的虐待。

然從在梅莉的紀錄中，怎麼也找不到悲慘的環境對她造成的負面影響。青春期的梅莉，在學校表現出與同儕相當或高於平均的學業能力；接受心理測驗時，在社會性、支配性、自我認同、良好印象等部分，得到高出平均的成績。梅莉性格外向，個人主張明確，懂得體諒他人、與他人合作。對於是否曾與母親起過衝突的問題，梅莉答道：「我不喜歡吵架。媽媽在家裡到處發洩不滿的時候，我如果忍受不了，就靜靜起身離開家裡。就這樣。媽媽過一下就不會生氣了，之後我再回家就好。我認為孩子不應該和爸媽吵架，應該盡可能透過對話圓滿解決。」

梅莉日後成為一位擁有強大自信與正面態度的優秀青年。她在一場訪談中這樣描述自己：

「這麼說很像在炫耀，不過我的個性算很不錯的。我敢保證，認識我的所有人都喜歡我。我相信自己知道事情的對與錯，不過我也認為自己還要再多加學習和體驗。我相信自己什麼事都辦得到，也認為一定會實現。」儘管身處困境，梅莉依然長成一位如此正面且充滿自信的青年，她的原動力從何而來？

未解開的謎團

不只是麥克、凱伊、梅莉，分析資料後發現，在屬於高危險群的二〇一人當中，多達三分之一沒有太大問題。再次強調，高危險群的孩子由於各種惡劣的成長環境，幾乎被認定脫離不了社會適應不良的問題。在這些孩子中，足足有七十二人就像出生、成長於富裕的家庭中一樣，長成了優秀的青年。他們和家人或朋友相處融洽，沒有任何問題，並且積極正面，即將迎接被祝福的未來，是再正常不過的年輕人。在這些人當中，沒有任何一個人出現嚴重的學習障礙、行為障礙或社會適應障礙。彷彿任何困難或逆境都無法讓他們變得不幸。而且他們也不是特例，而是相當於高危險群當中的三分之一。

這件事給艾美．維納教授留下一個難以解開的巨大謎團。即使在困境中，麥可依然長成一位優秀的青年，其中的祕密是什麼？究竟是什麼讓凱伊或梅莉比在良好環境下出生、長大的孩子，更能適應社會？當時的心理學或教育學，仍無法對此給出滿意的答案。

人類歷史中的偉大發現，往往就隱藏在人們出乎意料的地方。艾美．維納教授從了無新意而幾乎要被遺忘的研究中，得到了自己始料未及的驚人發現。她直覺認為，這七十二人必定具有某種能克服逆境的共通特性。而那正是無論面對生命中什麼樣的逆境，也永遠不會屈服的強大原動力，艾美．維納教授稱之為「復原力」。她不再關心哪些因素讓孩子們淪為社會適應障礙者，反而開始好奇是哪些原因讓孩子們走上正軌。考艾島研究啟動後，幾乎經過了三十年，才脫胎換骨成探討復原力的研究[6]。

之後艾美．維納教授藉由考艾島研究，確立了「復原力」的概念。她投入四十年的時間整理研究，發現復原力的關鍵因素最終在於人際關係。在這些身處困境之中，卻依然穩健成長的孩子身上，毫無例外地發現了一個共通點。那就是在這些孩子的人生中，至少有一位無條件理解孩子立場、接受孩子立場的大人。無論這個人是孩子的父親或母親、爺爺或奶奶、舅舅或阿姨，他／她都願意陪伴在孩子身邊，給予孩子無私的愛，當孩子隨時可以依靠的靠山。

托爾斯泰說：「人完全是靠愛活著的。」這正是考艾島研究的結論。缺乏愛的孩子，無法成為堅強的人。唯有靠愛活著、成長，孩子才能獲得力量走過這個險惡的世界。在這個愛的基礎上。孩子將可培養自愛與自重，並有能力建立良好的人際關係，懂得體諒他人、關愛他人。

考艾島研究告訴我們，這正是復原力的根本。

艾美·維納教授於內布拉斯加大學取得心理學博士學位後，轉往加州大學戴維斯分校，負責考艾島研究四十餘年。回顧艾美·維納教授的童年生活，她自己也像考艾島上的孩子一樣，克服了嚴苛的逆境。她在希特勒時代度過童年，直到十五歲以前，長達五年的時間住在地下逃難所躲避砲擊。童年的回憶只有飢餓和痛苦。她在瀕臨餓死的狀態下，勉強活過青春期。經過納粹的侵逼與第二次世界大戰，父親與家族中的男性無一倖存。在戰爭中活下來的艾美·維納，不禁感嘆「往後的日子該如何是好」。

儘管童年有過這樣的經驗，她依然成為堅強樂觀的人，原因是什麼呢？對於這個問題，艾美·維納教授直言多虧了家人。尤其母親那邊，有不少充滿幽默感、生性開朗的親戚。每次前往母親的墓地探望時，她總會站在墳前對母親說：「媽，謝謝你生給了我幽默感。這對我往後的人生非常有幫助！」對於一向溫暖、慈祥的父親，艾美·維納也留下了美好的回憶。不僅如此，她還有一些好友，從幼稚園時代一直維繫友情到老年。艾美·維納教授認為，這些人好比是她人生的「緩衝保護裝置」，也是復原力的源泉。

如果要用一句話總結長達四十年的考艾島研究，那就是每個人都擁有克服逆境的能力，而這個能力正是復原力。然而復原力的強度因人而異，從小在父母或家人犧牲奉獻的關愛與信賴下長大的人，復原力較強。那麼，難道復原力只能由兒時的經驗決定嗎？如果是那樣，復原力較弱的人，恐怕會一輩子怪罪父母和家庭環境。也幸好不是那樣。後來許多研究證實，即使長大成人後，人們也能透過努力與訓練提高復原力。來聽聽艾美・維納的說法。

「孩子們即便處在極度貧困、父母缺席、暴力鄰居與高犯罪率地區等惡劣條件下，依然能長成品行端正的大人，成功融入社會，這是非常驚人的。當然，不是所有孩子都能那樣，唯有具備復原力的孩子，才能發揮那樣的能力。我們無法將復原力直接教給孩子，那不是某種知識或資訊。只能按照許多學者已經掌握的復原力要素，教育他們努力提高復原力的方法。」

不是只有在艱困環境下出生的孩子，才需要復原力。任何人在生活中，必然會遭遇各種逆境與困難。復原強者是擁有強大力量克服各種大大小小逆境的人，而這種復原力能透過有系統的訓練無限強化。在考艾島研究之後，近來賓夕法尼亞大學研究團隊正主導正向心理學的研究，對青少年與成人的復原力積極展開調查。接下來，我們將介紹過去學者們所證實的幾項復原力的要素，並進一步了解具體該付出什麼樣的努力，才能強化復原力。

PART 2

你的復原力有幾分？

復原強者對自身的錯誤抱持正面態度。

他們的大腦已經習慣當機立斷、直面挑戰，因此樂於追求創新。

這種對自己的失誤相當敏銳，卻不害怕犯錯，正是高復原力的特徵。

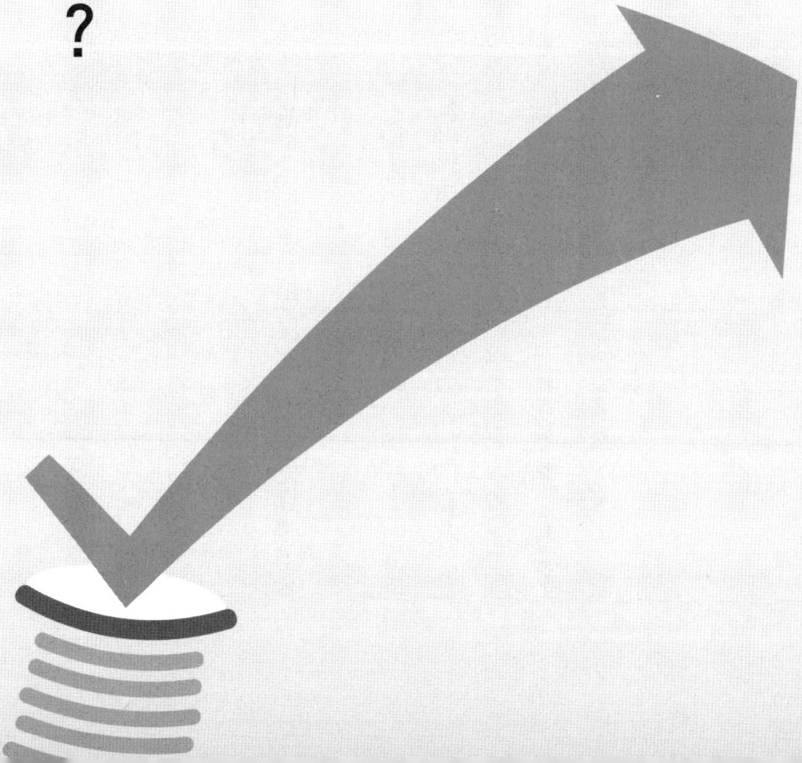

開發復原力測驗

起點和過程

各位目前的復原力究竟位於什麼程度呢？在檢測每個人的復原力程度前，不妨先具體了解什麼是復原力。

復原力是指重新彈起或回到原本狀態的意思，在心理學中，一般用於指「精神上的抵抗力」[1]。學者大多將復原力定義為「對抗壓力或逆境的精神免疫力」[2]、「有效運用內在及外在資源的能力」[3]，或是「將逆境轉變為成熟經驗的能力」[4]等。更廣泛來說，復原力大致可以定義為「面對困難時，能克服困難、適應環境，達到精神成長的能力」[5]。復原力雖然某種程度由基因所決定，不過由於變動性相當大，經常隨時間改變，也會受到環境因素、文化、教育、個人的努力等各種因素的影響[6]。

總而言之，復原力可謂人類適應環境的變化，將該環境導向對自己有利的方向的綜合能力。學者並不將復原力的關鍵，與毫無缺陷或毫無缺點畫上等號。復原力的關鍵，其實在於能適切、彈性地應對環境變化的個人能力[7]。

至今為止，國內學者將「resilience」翻譯為「韌性」[8]、「心理韌性」[9]、「復原力」[10]等。而我在本書中結合「復原」和「韌性」的概念，將「resilience」翻譯為「復原韌性」❸。其中「復原」是指從困境中重新回到適應的狀態，「韌性」是指精神抵抗力的提升，也就是踩著逆境向上跳躍的成長[11]。在網路上檢索，可以發現「復原韌性」已經成為指稱「resilience」的普遍用語。

二〇〇九年於SBS播出的〈我想知道真相〉節目中，介紹了韓國一般民眾的平均復原力指數（RQ）。這次針對一般民眾實施復原力抽樣調查，大概是韓國史上頭一遭。前面介紹的李尚默教授和禹政勳夫妻、柳春玟、金東男等人，也在這個節目中現身說法，他們是克服逆境的代表人物。檢測他們的復原力，發現其程度高出一般民眾許多。在大部分的施測項目中，訪談對象都獲得高出一般民眾兩倍以上的分數。

❸ 同註1。

〈我想知道真相〉節目中發表的復原力指數結果，透漏出許多訊息，不過這項調查中使用的復原力測驗題目，其實存在一定的侷限。這是因為我們翻譯瑞維奇（Karen Reivich）和夏提（Andrew Shatté）書中介紹的五十六道題問卷來使用。當然，這五十六道題肯定是瑞維奇和夏提經過嚴格開發過程才完成的測驗工具，只是再怎麼仔細翻找他們的書，也找不到這個問卷工具經過什麼樣的過程和統計方法，才完成開發的詳細說明。只有附錄提到，他們先利用兩百多道題對數千人進行調查後，透過因素分析法（factor analysis）針對七個因素各整理出八道題。另一個更重要的侷限，在於將他們的五十六道題[12]問卷翻譯為韓文的過程中，必然會出現文化差異或問卷題目語氣的不同，而這也造成了許多誤差。不過這是當時所能找到的最值得信賴的 RQ 測驗，只好姑且使用。

在同年初，我正為《韓國日報》撰寫「幸福生活之道」系列，並且針對「復原力」寫了一篇篇幅較長的專欄。我原本打算在這篇專欄中概述何謂復原力指數，並從瑞維奇和夏提的五十六道題中，隨機選出二十八道題來介紹。不過編輯考量篇幅限制，我只好簡單整理出十四道題來撰寫。這篇專欄只能說是介紹 RQ 問卷的文章，無法用於 RQ 程度的檢測。

然而令人意外的是，讀者對復原力的關注超乎想像。再加上兩週後，〈我想知道真相〉又介紹了復原力，瞬間許多部落格和論壇開始上傳十四道題的 RQ 測驗卷。而其他網友又轉載這些大多沒有標註出處的文章，導致網路上充斥著關於復原力指數測驗的文章。問題是，多數部落格或論壇在介紹《韓國日報》上的十四道題時，都以為這就是原本的RQ測驗，許多人也根據這十四道題來檢測自己的RQ分數。這樣的發展令人遺憾，於是我趕緊將五十六道題問卷上傳到自己的部落格，不過搜尋引擎總是將其他部落格放在搜尋結果的前幾位，而這十四道題的簡略版問卷則繼續擴散，已經覆水難收。

經過這次的事件，我總算知道有許多人非常關心復原力指數。另一方面，我也油然升起一股使命感，覺得自己有必要為韓國人開發一套合適的RQ指數。首先，我重新仔細檢討瑞維奇和夏提的五十六道題問卷，針對文化上的差異或其他不符合韓國的題目進行修正或補充。此外，我也瀏覽了數十篇關於復原力的研究文獻，蒐集各項研究中使用的復原力相關問題共數百個，再根據理論基礎重新檢討問題內容，最終選出八十道題。之後，我針對高中生、大學生、六十歲以上成人等兩千多人進行多次抽樣調查，並且使用嚴謹的統計分析法（statistical analysis method），完成由五十三道題組成的韓國型復原力指數（KRQ-53）問卷。在此過程中，我也開發出青少年專用的二十七道題（YKRQ-27）問卷[13]。

開發一項新的心理測驗工具，是一件非常繁瑣的事。這個過程必須經過各種複雜的程序，包括基於高級統計方法的信度測試與各種效度測試等[14]。本書介紹的復原力檢測題目，已經根據上述的統計方法，針對不同團體實施信度與效度測試，是值得信賴的測驗工具。以下請各位先以「KRQ-53 測驗」檢測自己目前的復原力。

復原力測驗

答題方式：閱讀各個題目後，填入以下分數。
非常符合為1分，不符合為2分，普通為3分，
稍微符合為4分，非常符合為5分。

題目

（　）1. 遇到困難，我可以控制情緒。
（　）2. 無論有什麼想法，我都能察覺這個想法對自己情緒的影響。
（　）3. 和家人或朋友討論有爭議的問題時，我能良好控制自己的情緒。
*（　）4. 面對需要專心投入的重要事情時，我不覺得充滿幹勁，而是備感壓力。
*（　）5. 我容易受情緒影響。
*（　）6. 有時候我會因為情緒問題，導致在學校學習或在公司工作的時候難以專心。
（　）7. 如果有必須立刻執行的事情，我可以克服任何阻礙或誘惑，做該做的事情。

（ ）8. 不管出現再怎麼慌亂、困難的情況，我都清楚自己心中的想法。
（ ）9. 如果有誰對我發脾氣，我會先聽他的意見。
*（ ）10. 即使事情發展不如預期，我也不輕易放棄。
*（ ）11. 平常對金錢上的消費或支出程度沒有太多計畫。
*（ ）12. 比起事先擬定計畫，我更習慣憑感覺處理事情。
（ ）13. 出現問題時，我會先設想各種可能的解決方法，再努力嘗試解決。
（ ）14. 出現困難時，我會先審慎思考原因，再努力解決問題。
（ ）15. 我相信自己在多數情況下都知道問題的原因。
*（ ）16. 經常聽到別人說我搞不清楚事情或狀況。
*（ ）17. 經常聽到別人說我面對問題時，總是急著下結論。
*（ ）18. 我認為出現困難時，即便無法完全掌握原因，也應該先盡快解決。

＊ ＊ ＊

（ ）19. 我懂得根據氣氛和談話的對象引導對話。
（ ）20. 我懂得開幽默風趣的玩笑。
（ ）21. 我能運用合適的句子或詞彙表達我的想法。

*（　）22. 和上司、上級說話時壓力很大。
*（　）23. 我在聊天的時候，時常因為腦中別的想法而錯過對話內容。
*（　）24. 我在聊天的時候，時常說不出自己想說的話，變得猶豫不決。
（　）25. 我看到別人臉上的表情，就知道對方的情緒。
（　）26. 我看到悲傷、生氣、慌張的人，就知道他們在想什麼。
（　）27. 同事生氣的時候，我很了解其中的原因。
*（　）28. 有時候我很難理解別人的行為模式。
*（　）29. 經常聽到好友或情人、配偶對我說：「你一點都不了解我。」
*（　）30. 同事或朋友說我不聽他們的話。
（　）31. 我正受到別人的關愛與關注。
（　）32. 我真心喜歡我的朋友們。
（　）33. 身邊的人都很明白我的心情。
*（　）34. 我沒有什麼互相幫助的朋友。
（　）35. 和我認識較久的人，大多討厭我。
*（　）36. 我幾乎沒有交心的朋友。

＊ ＊ ＊

〈 〉37. 我認為只要努力，總有一天會有回報。

〈 〉38. 不管能不能辦到，我認為最好先相信「再怎麼困難的問題，我都能解決」。

〈 〉39. 即使遭遇困境，我依然相信一切都會順利解決。

*〈 〉40. 完成某件事情後，我總會擔心別人給我負面的評價。

*〈 〉41. 我相信我所遭遇的絕大多數問題，都是在我無法控制的情況下發生的。

*〈 〉42. 如果有人問我的未來，我想像不到自己成功的樣子。

〈 〉43. 我的生活接近我所期望的理想生活。

〈 〉44. 我對自己人生的各項條件相當滿意。

〈 〉45. 我對自己的人生很滿意。

〈 〉46. 我已經擁有我所認為生命中不可或缺的要素。

〈 〉47. 即使重新出生，我也想再過一次現在的人生。

〈 〉48. 我很感謝形形色色不同的人們。

〈 〉49. 如果要我寫下所有感謝的事情，會是一份很長的清單。

〈 〉50. 年紀越大，對於在我生命中占有一席之地的人、事與生活，越充滿感恩。

*（ ）51. 我沒有什麼要感謝的事情。
*（ ）52. 回顧這個世界，我沒什麼好感謝的。
*（ ）53. 對於某人或某件事的感謝，我要過好一段時間後才能隱約想起。

計分及分數說明方式

計算第4、5、6、10、11、12、16、17、18、22、23、24、28、29、30、34、36、40、41、42、51、52、53題（標記*的題目）的分數時，用6分扣除自己的分數來算。例如答案寫1，則是5分，寫3是3分，寫5是1分。

自我調節能力＝情緒調節能力＋衝動控制能力＋原因分析能力

第1題到第6題的分數總和，代表情緒調節能力；第7題到第12題代表衝動控制能力；第13題到第18題代表原因分析能力。而這三項加總的分數，就是你的自我調節能力分數。關於各種能力的詳細說明，將於下一章介紹。韓國成人自我調節能力的平均分數是63.5分。如果你的分數低於63分，最好努力提高自我調節能力；如果分數在55分以下，則務必努力強化自我調節能力，因為這個分數相當於倒數二十%。如果分數在70分以上，表示你的自我調節能力沒有太大問題；如果分數在75分以上，表示自我調節能力相當優秀，排行前七%。

人際關係能力＝溝通能力＋同理能力＋自我擴張能力

第19題到第24題代表溝通能力；第25題到第30題代表同理能力；第31題到第36題代表自我擴張能力的分數。而這三項加總的分數，就是你的人際關係能力分數。韓國成人人際關係能力的平均分數是67.8分。如果你的分數在67分以下，最好努力提高人際關係能力；如果分數在62分以下，則務必努力強化人際關係能力，因為這個分數相當於倒數二十%。得到如此低分的人，即使稍微付出努力，也能立刻感受到效果。如果人際關係能力的分數在74分以上，表示你的人際關係能力沒有太大問題；如果分數在80分以上，可以說你的人際關係能力和社會性相當優異，排行前六%。

正面性＝自我樂觀度＋生活滿意度＋感恩

正面性透過三項要素檢測，分別是樂觀看待自我情緒與情感的態度（第37題到第42題）、幸福的基準——對生活的滿意度（第43題到第47題），以及對自我生命與旁人抱持感恩的態度（第48題到第53題）。韓國人正面性的平均分數是63.4分。如果你的分數低於63分，最好努力提高正面性；如果分數在56分以下，則務必努力強化正面性，因為這個分數相當於倒數二十%。如果分數在70分以上，表示你的正面性沒有太大問題；如果分數在75分以上，表示你是具有高度正面性的人，排行前六%，不妨為自己感到驕傲。

自我調節能力、人際關係能力、正面性三項分數的總和，就是你的復原力指數。韓國人平均分數是195分。如果你的分數低於190分，最好努力提高復原力；如果分數在180分以下，代表你的復原力較脆弱，容易受到負面事件影響，必須盡快培養重新振作的力量；如果分數在170分以下，可以說你就像個容易破碎的玻璃，即使是一點不幸，也容易受到傷害。每天生活如履薄冰的你，必須立刻盡一切力量強化復原力。

如果你的分數超過200分，暫時可以放心，不過分數要到212分，才算進入前二十%；如果分數超過220分，代表你是復原力強者，基本上不幸的事情都無法撼動你。逆境反倒是讓你跳得更高的跳板，你將欣然接受。

接下來，我將分別說明復原力的三大要素——自我調節能力、人際關係能力與正面性，並詳細介紹如何強化這些要素。有些讀者急著想知道結果，所以我先簡單說明結論，那就是強化正面性。正面性強化後，自我調節能力與人際關係能力將可同時提升。只要養成正面思考的習慣，任何人都能強化復原力。所謂養成正面思考的習慣，指的就是將大腦轉變為正面腦。

擁有正面腦的人常犯錯？

面對犯錯的態度

復原強者與弱者的腦，對逆境的反應方式大不相同。透過腦波實驗也可以驗證這個事實。腦波實驗測量的是大腦瞬間出現的反應，所以無法透過意識控制。首先，我們從四十六位二十多歲年輕人當中，選出復原力分數最高的兩人和最低的兩人作為實驗對象，觀察復原強者和弱者大腦對錯誤的反應有何不同。

測量腦波有兩種方式。一種是測量特定刺激後出現的一定要素或形態，再加以分析的型態分析法，另一種是各位讀者應該都曾聽過的 α 波、γ 波，為特定頻率分析法。型態分析法通常在給予刺激後，以毫米（千分之一秒）為單位，分析半秒內大腦出現何種強度的反應。

反之，頻率分析法是經過相當長的時間（從數秒到數十秒），分析這段期間大腦出現何種頻率，亦即腦波振福的週期。頻率分析由於相對容易測量，從百餘年前開始就運用於測量、研究。然而頻率究竟代表何種意義，至今仍不明確。這不過代表許多神經細胞活躍於同一個地方所測量出來的結果而已。例如腦波在八到十二赫茲前後（一秒震動十次左右）移動的振幅，稱為α波，這可能代表各種情況，例如專注於某件事時、入睡前、無聊時、思考關於自己的事情時、單純發呆時。換言之，α波的意義很難與特定大腦的作用或功能產生連結。因為繃緊神經全神貫注的時候會出現α波，無聊或昏昏欲睡、發呆的時候，也會出現α波。

由於這個原因，現代腦科學中的腦波研究大多採用型態分析法，尤其是以事件相關電位（event-related potential，ERP）進行分析研究，頻率分析法則扮演輔助的功能。事件相關電位中的「事件」，是指腦波實驗中的特定刺激，也就是分析大腦受到特定刺激時，會出現何種反應。在頻率分析中，主要分析振幅的週期，而非腦波反應的強度；在事件相關電位分析中，主要分析振幅的強度與振幅出現的時間帶，而非振幅的週期[15]。

在這項針對復原力兩個極端組的腦波實驗中，檢驗受試者的大腦對於小逆境（自己的錯誤）如何反應，就是一種事件相關電位分析。這項實驗是以受試者自己犯的錯誤為「事件（刺激）」，測量受試者發現自己犯錯時，下意識會出現什麼樣的反應。

實驗內容概略整理如下。首先在電腦螢幕上顯示英文字母M或W，時間為0.1秒。受試者必須在M出現時，盡快按下右邊的按鈕，在W出現時，盡快按下左邊的按鈕。而在這場實驗中，M和W的出現比例為八比二。換言之，M是頻繁出現的刺激，而W是偶爾出現的刺激。將實驗反過來，M和W的比例為二比八也無妨。實驗開始後，由於M經常出現，受試者容易熟悉右邊的按鈕，產生「習慣化」。在這個情況下，當W偶爾出現時，人們容易犯錯而按下右邊的按鈕。當然，在犯錯的瞬間，他們會立刻喊出「哎呀！」，意識到自己的錯誤。然而在犯錯的瞬間，大腦的反應卻因人而異。分析這種犯錯瞬間出現的腦波信號，正是錯誤相關負波（error-related negativity，ERN）分析。

根據認知心理學的研究結果，一個人在努力達成目標的過程中必備的重要能力，正是評量自我表現並準確回應的能力，也就是能誠實回答「我現在的表現好嗎？」的能力。這項能力被稱為檢視自我行為的「自我監控能力」（self-monitoring ability），其中尤為重要的，是犯錯時有所警覺的功能。認知科學證實，腦中存在一個特別的機制，能幫助人們監控自己的錯誤。這正是被稱為「錯誤相關負波」的腦波信號，大多出現在錯誤發生後非常短的時間內（0.04秒到0.1秒之間）。錯誤相關負波越強烈的人，越善於監測自己的錯誤，精準衡量自己的行為，並且更加努力達成目標。這些人可以說擁有「開放包容」的腦，能立刻察覺自己的錯誤，並努力加以修正。

實驗結果一如預期，復原強者有更高水準的錯誤相關負波（參見圖2）。也就是說，復原強者的腦對自己的失誤反應更敏銳。當然，這是指下意識的狀態下，而非有意識的狀態。可以說復原強者的腦，已經養成了「監控」自身錯誤的習慣。

錯誤相關負波是意識到自己的錯誤時，出現的腦波信號，反之，N2（第二次負波）腦波信號出現在成功回應不熟悉的刺激時。換言之，N2可以說是成功抑制慣性行為時出現的腦波，這與自發控制、調節頻繁的反應有關。一般認為牽涉這種刻意的控制與調節的大腦部位，正是前扣帶迴皮質（Anterior cingulate cortex，ACC）。N2通常在給予刺激後的兩百到四百毫秒之間出現。

實驗結果以圖2表示。圖中比較了復原力最強的兩人與最弱的兩人，其ERN與N2腦波的振幅。棕色線表示復原強者，灰色線表示復原弱者。從圖表來看，相較於復原力最弱的兩人，復原力最強的兩人在N2與ERN都有劇烈的振幅。這個結果顯示，面對意料之外的狀況或逆境時，復原強者認知神經的反應比復原弱者更敏銳。

那麼，對於偶爾出現的刺激，哪一組的準確率更高呢？也就是說，在復原強者和復原弱者之中，誰更少失誤？令人驚訝的是，復原弱者的準確率高出兩倍以上。當然，在答題平均花費的時間上，復原弱者比強者多出兩倍。

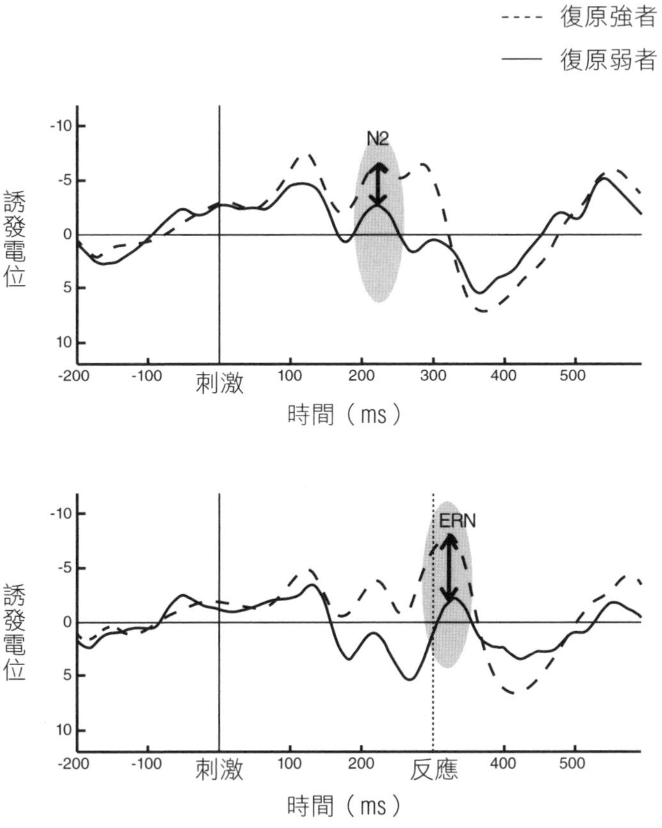
復原強者
復原弱者
N2
ERN
誘發電位
-10
-5
0
5
10
-200
-100
刺激
100
200
300
400
500
反應
時間（ms）

〈圖 2〉

復原弱者答題較緩慢、謹慎，因此錯誤較少；復原強者答題速度相對較快，因此錯誤率也較高。面對這種實驗條件下偶爾出現的刺激，能拿到高於七十%的準確率，代表受試者具有相當程度的完美主義與謹慎的性格。從過去進行的其他ＥＲＮ實驗結果來看，一般人的平均準確率為四十七．六%。意思是對於偶爾出現的刺激，半數以上的人都會犯錯。然而復原強者的準確率相當低，犯下更多的錯誤；反之，復原弱者的準確率高達七十三%。這表示越是害怕犯錯、越是態度謹慎的人，復原力越弱，逃避個人失誤（或逆境）的傾向越強。

綜合以上腦波實驗與行為反應的結果，我們可以得出以下結論：復原強者不害怕犯錯，其大腦能敏銳察覺自己的失誤，即便犯了錯，他們的大腦也已經習慣積極接受錯誤帶來的回饋。反之，復原弱者過度害怕犯錯。這類人雖然較少犯錯，然而真正犯錯時，他們的大腦卻未敏銳反應。可以說他們下意識想掩蓋或忽視錯誤，而不是積極監控自己的失誤，並嘗試接受。

總而言之，復原強者對自身的錯誤抱持正面態度。他們的大腦已經習慣當機立斷、直面挑戰，因此樂於追求創新。這種對自己的失誤相當敏銳，卻不害怕犯錯，正是高復原力的特徵。

三週就能改變大腦

將幸福烙印在腦中的練習

想要提高復原力，必須有一顆正面接納自我生命中所有事件的大腦，必須有個在潛意識中，自動為自己所經歷的一切正面講述故事的「記憶自我」。這種正面且復原力強的大腦，可以藉由訓練獲得。換句話說，復原力強調的是烙印在腦中的習慣。我們必須透過訓練，讓大腦養成正面講述故事的習慣。這就等於活化腦中的正面訊息處理迴路。面對各種發生在自己身上的煩惱或困難，我們必須養成能隨時正面接納、正面處理這些逆境的「習慣」。

養成習慣的意思，是指大腦能自動對某些對象或事件發出反應。這種養成習慣的過程，我們稱為訓練或者練習。好比學習彈奏樂器、學習滑雪橇、學習游泳、學習用筷子，這些都必須透過練習養成習慣，才能做到最好。如果只靠頭腦理解知識，無法學好這些技術。也就是說，老師再怎麼鉅細靡遺地口頭教授彈奏樂器或使用筷子的方法，學生再怎麼努力理解，甚至一字不漏地背下來，也不可能彈奏好樂器或正確使用筷子。沒有投入長時間的練習，就不可能掌握這些知識。

知識有兩種，分別是透過學習獲得的顯性知識（explicit knowledge）和透過熟練獲得的隱性知識（tacit knowledge）。顯性知識靠頭腦學習，而隱性知識靠身體熟悉。顯性知識必須靠背誦才能記住，而隱性知識必須養成習慣才能內化。《論語》首章說：「學而時習之。」其中「學」是顯性知識的習得，而「習」是隱性知識的內化。靠頭腦學習的顯性知識，是背誦歷史的知識，是理解邏輯推論的知識。歷史、科學或數學等學科屬於顯性知識，這種知識只要充分理解、熟讀熟記，就能成為自己的知識。然而隱性知識必須透過反覆的練習與訓練，靠身體熟練，如彈奏樂器、騎自行車，以及學習其他各種體育技能的體適能科目，為隱性知識的代表。英語等外語科目也是如此。英語的聽力和口說尤其要求反覆練習，這點正與體適能科目相似。

這類隱性知識就是我們常說的「熟能生巧」，也是「養成習慣」的意思。然而這類知識其實並非熟能生巧，而是烙印在腦中。更具體來說，是腦神經之間形成更強韌、堅固的神經網路。也就是大腦已經建構出一套新的神經網路結構，能針對特定行為或事件幾乎自動產生反應。想要養成這種習慣，必須經過持之以恆的訓練與練習。各種訓練或練習，都能在腦中產生新的神經網路。不過要形成新的神經網路，連結神經元樹突（dendrites）和軸突（axon）的突觸部分，必須產生新的蛋白質合成，「發展」成一定的型態才行[16]。因此，想要看見訓練與練習的效果，必須反覆數週乃至於數個月以上。

就以拿筷子為例。對熟練使用筷子的人而言，拿筷子是經過許多練習才內化的一種隱性知識。但是對於剛開始學習拿筷子的人（幼兒或外國人），就必須先以顯性知識教導。例如固定好筷子的正中央，一支筷子在底部撐住，另一支平行的筷子放鬆，以食指和大拇指抓住上下移動，像這樣教導「使用筷子」的要領。這種「方法」或「指引」，正是關於拿筷子的顯性知識。然而光靠這種顯性知識的習得，當然無法正常使用筷子。在腦中學會這種方法後，必須經過大量的練習，直到整隻手完全熟悉如何拿筷子為止。不過在練習過程中產生的「熟能生巧」，與手指關節或肌肉並沒有直接關係，而是與負責手指肌肉活動的腦神經有關。換言之，練習拿筷子的成果並沒有留在手上，而是以新的神經網路留在腦中。從鋼琴師的大腦影像來看，可以發現負責手指活動的大腦部位相當發達。讓鋼琴師彈得一手好琴的，不是手指肌肉的發達，而是負責手指活動的大腦部位受到訓練而發達。

根據二〇〇七年發表的一項腦部影像研究，高爾夫球選手和初學者在擊球的瞬間，使用大腦的方式與部位截然不同[17]。表面看來，他們似乎都做出高度相似的高爾夫揮桿動作，然而高爾夫球選手和業餘初學者的大腦，可以說正進行完全不同的工作。

業餘高爾夫球員在揮桿時，同時使用大腦許多部位。簡單來說，就是想太多。他們可能在腦中重新整理學過的內容，「下半身要固定，肩膀用力轉動，一邊維持手腕彎曲的角度，一邊輕輕向上拉起，像是要把高爾夫球桿丟出去一樣揮桿……」等。對業餘高爾夫球員而言，揮桿可謂依照顯性知識動作的「身體活動」。反之，LPGA職業高爾夫球選手在揮桿時，只使用幾個特定的大腦部位，這點和初學者非常不同。他們更少用腦，就像「下意識」揮桿一樣，腦中沒有任何雜念。要達到下意識揮桿的程度，首先身體要完全熟悉揮桿的動作。因為在他們的腦中，已經形成可以行雲流水地做出揮桿動作的神經網路結構，所以每次揮桿時，就不必再複雜地將大腦不同部位儲存的各種資訊重新提取出來。對高爾夫球選手而言，大腦已經澈底習慣揮桿的動作了。

復原力的習得，也必須經過這樣的訓練與練習。本書將告訴各位讀者復原力由哪些要素組成，又該如何提高復原力。然而只靠大腦理解這種顯性知識，對復原力的提升沒有太大幫助。必須經過反覆訓練，直到這種知識內化為隱性知識，並且在腦中確實形成復原力的神經網路結構才行。復原力的強化，有賴各位養成良好的習慣。

這種訓練也是為大腦神經重新配線的工程，這是將大腦的反應機制置換為正面應對負面事件的工程。總之，就是將我們的大腦轉變為正面腦。這個變化需要時間，也需要反覆的訓練。這樣的訓練，能自然而然將我們的身體與心理帶往大腦期待的方向，這正是我們需要訓練正面性的原因。只要持續努力三週左右，即使沒有刻意介入，大腦也會開始正面判斷自己遭遇的情況，往好的方向處理相關訊息，養成正面的習慣。經過三個月左右，復原力將完成內化為自己的能力。許多研究與實驗已經證實這個主張。本書將扮演引導者的角色，透過正面習慣的養成，將各位讀者的大腦升級為具有強大復原力的大腦。

杜鄉微笑的祕密

一個人的表情必定透露著內在情緒。在我們全身的肌肉中，只有控制表情的臉部肌肉和腦神經直接相連。所以我們的臉部表情，就像直接展現大腦情緒狀態的玻璃窗一樣。用面相來占卜一個人的命運，或許是有一定根據的。

心理學家保羅．艾克曼（Paul Ekman）曾對臉部表情進行全面的研究，他為人類的微笑中尤其反映正面情緒的爽朗笑容，命名為「杜鄉微笑」（Duchenne Smile）❹。發出這種杜鄉微笑的人，基本上可以看作是大腦天生擁有正面情緒的人。而這種正面的情緒，正是復原力的源泉。儘管正面情緒大多由基因決定，不過經由後天的訓練與努力，依然可以無限提升。

如果你能發出爽朗的杜鄉微笑，代表你的大腦擁有高水準的正面性，而憑藉高強度的復原力，就能讓你過上平順的一生。這個說法是有科學根據的。

教授克特納（Dacher Keltner）與學生哈克（LeeAnne Harker）的研究[18]，經過三十多年嚴密的追蹤調查完成。這是一項代代相傳的研究，由教授啟動後，其學生接續研究並發表成果。他們以加州奧克蘭一所女子學院的一百四十一位畢業生為研究對象，先由專家仔細分析畢業紀念冊上學生的表情。在專家分析的照片中，有五十位畢業生眼角肌肉收縮，眼睛瞇成半月形，發出杜鄉微笑。其他人看著相機，發出禮貌性的微笑。在這些畢業照片的主角年齡滿二十七歲、四十三歲、五十二歲那年，研究人員再透過訪談的方式，蒐集她們人生各個面向的資料，並加以比較。

結果令人驚訝。真誠發出正面笑容的「杜鄉微笑組」，比「禮貌微笑組」更健康，上醫院的次數也較少，存活率較高。她們對婚姻生活的滿意度也相當高，離婚率較低。在平均所得方面，杜鄉微笑組也高出許多。總之這項研究證實，在同一年畢業於同一所大學的女學生當中，發出杜鄉微笑的女生日後過上更好的生活。

研究人員也考慮到控制變因的「吸引力」。換句話說，杜鄉微笑組是否因為看起來更漂亮、更有魅力，所以過上幸福的生活？研究人員擔心這點，特地進行測試。然而經過各種方法嚴密測試的吸引力，終究並未對她們的人生造成太大影響。外貌的漂亮與否，與當事人的健康或幸福的婚姻生活、所得水準毫無關聯。這項研究顯示，單憑年輕時瞬間的表情，某種程度也可以預測當事人人生幸福的程度。

請站在鏡子面前，試著微笑看看。如果你的笑容與下頁圖3上面兩張照片相似，那麼你的復原力分數也可能較高。如果更接近下面的照片，最好先開始練習如何眉開眼笑。

透過正面性訓練，負面悲觀的大腦可以「重新配線」為正面樂觀的大腦。正面腦是正面訊息處理迴路活化的腦，而負面腦是負面訊息處理迴路活化的腦。對於相同的事件或個人，正面腦能自動以正面態度處理訊息，而負面腦則以負面態度接受訊息。由於這是大腦瞬間出現的行為，難以藉由意識的力量控制。也就是說，擁有負面腦的人如果想培養正面腦，就必須透過不

❹艾克曼為了紀念首次發現顴骨附近與眼角附近控制臉部表情肌肉的神經學家杜鄉（Guillaume Duchenne），特別以他的名字命名。

〈圖 3〉上二為杜鄉微笑範例，下二為禮貌微笑範例。

斷的努力，活化大腦正面訊息處理的迴路。當大腦成功重新配線為正面迴路後，你也能發出杜鄉微笑。有句話說：「年紀越大，越要為自己的表情負責。」就是這個意思。所謂「相由新生」，這句話可不能當作耳邊風，聽聽就算。

前面介紹過全身癱瘓的李尚默教授，他之所以能重新振作起來，首爾大學李建雨教授功不可沒，因為他將學術財團贈予的一億韓元獎金全數捐給李尚默教授。從未見過對方的李建雨教授，說自己生平第一次捐贈這樣的鉅款，也說這個舉動帶給他極大的喜悅，全然不覺得可惜或有所損失。比起獲贈一億元，捐贈一億元帶來的喜悅與幸福更大。這正是人世間的道理，也是幸福的原理。唯有使別人過得幸福，我們才能變得幸福。我們的大腦是如此演化而來，為全體謀求幸福的程式已深植大腦。一旦脫離這個原則，貪婪地滿足自己的慾望，使他人過得不幸，最後自己也會變得不幸。這不是道德上的說理，而是科學上的證據。請各位讀者務必觀賞〈我想知道真相〉的影片 ❺，觀察李建雨教授說自己捐出一億韓元感到非常幸福時的臉部表情。請親眼見證什麼是真正幸福的表情，以及一個人擁有健康的正面性會是什麼樣的表情。

李建雨教授與李尚默教授共同成立身障者醫療器材開發中心，也為韓國身障者進行各種研究。李尚默教授在意外發生後，得到了許多人的幫助，同時也有所領悟。他說：「現在起，我也要多幫助別人才行。」接著又說：「真正聰明的人，是在遭受不幸之前幫助他人的人吧。」

許多研究指出，在正面性提高後，人們越願意關懷他人、幫助他人，也更頻繁從事捐贈與志工活動[19]。總之，心態正面的人更善良、更友好，而付出關懷與從事志工活動，又使他們更加幸福，提高了大腦的正面性。正面性的良性循環由此形成。這種正面性能讓人在各個方面具備強大的復原力，即便遭遇經濟上的困難或健康上的困境、人際關係上的衝突，正面性都能讓人勇敢克服人生中的困難，甚至進一步利用這些困難獲得更大的成長動力。已有許多研究透過實驗，證實正面性的確具有這樣的力量。作家波斯特（Stephen Post）與奈馬克（Jill

❺ 影片連結為 https://allvod.sbs.co.kr/allvod/vodEndPage.do?mdaId=22000003264

Neimark）曾整理這類研究，說明為什麼好人最後都會有好報[20]。

抱持善良的心關懷他人、服務他人，最終自己也可以獲得回報，這種說法如今不再只是道德上的訴求，而是經由科學證明的事實。現在起，不妨帶著一顆正面愉快的心，強化你的復原力吧。如此一來，你的人生將不再有失敗。不，也有可能失敗，但是你將不再因為這個失敗感到挫折或一蹶不振。你將會發現自己把失敗當作跳板，跳向更高的地方。

PART

3

對自我的正確理解

復原強者對自身的錯誤抱持正面態度。

他們的大腦已經習慣當機立斷、直面挑戰，因此樂於追求創新。

這種對自己的失誤相當敏銳，卻不害怕犯錯，正是高復原力的特徵。

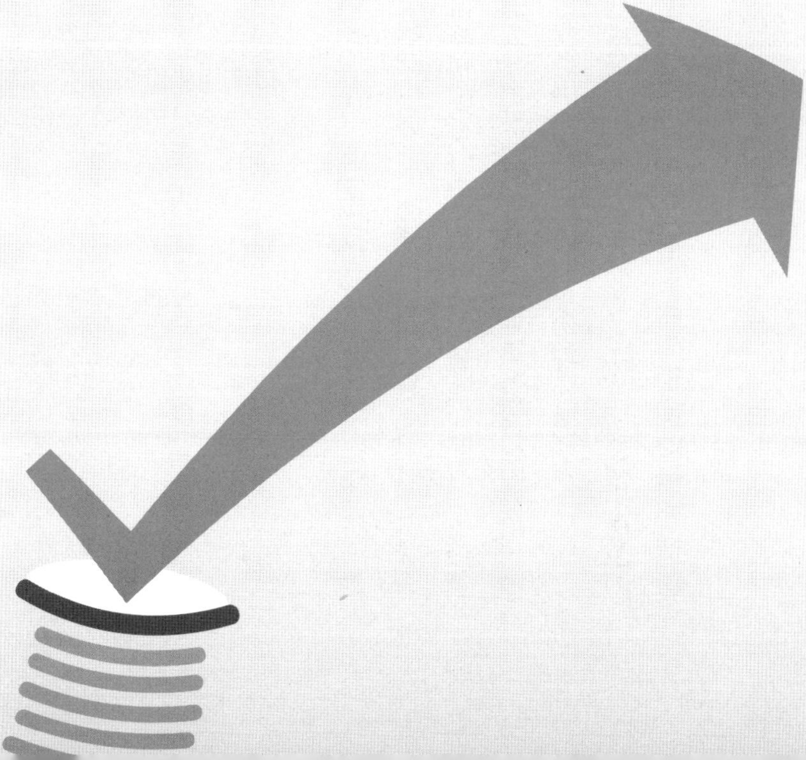

自我調節能力

理解自我的力量

透過自我理解他人的能力

構成復原力的第一要素，即是自我調節能力。所謂「自我調節能力」是認知自我情緒，並且加以調節的能力。成功克服逆境或困難的人，都有這個共通的特徵。在面對困境時，自我調節能力首先能克制自身的負面情緒，喚起正面情緒和堅定的挑戰精神（情緒調節能力），接著克制被情緒影響而產生的衝動反應（衝動控制能力），最後客觀且精準地掌握自己的處境，尋找應對的方法（原因分析能力）。自我調節能力就是由情緒調節能力、衝動控制能力、原因分析能力等要素所構成，這些能力與霍華德．嘉納（Howard Gardner）在多元智能理論中所說的人格智能（Personal Intelligences）、丹尼爾．高曼（Daniel Goleman）提出的情緒商數

（EQ），都有極大的關聯。

總體而言，各項能力有三十到五十%左右受遺傳因素影響，由先天決定，其餘五十到七十%可以透過後天按部就班的長期訓練與努力提升。關於復原力第一要素的自我調節能力，以下將先透過哈佛大學教育心理學家霍華德的多元智能理論來一探究竟。

霍華德·嘉納的經驗

在納粹迫害猶太人日益嚴重的一九三八年，霍華德的父母逃離故鄉德國，搭上駛往美國的船隻。霍華德當時尚未出生，嘉納夫妻帶著年幼的兒子艾瑞克辭別所有親友，遠赴美國。一家人於十一月九日抵達美國，當天故鄉德國正發生駭人聽聞的事件。

這天夜晚正是日後著名的「水晶之夜」或「碎玻璃之夜」，當晚納粹德國毫不留情地襲擊了猶太人與猶太人的住家、商店。事件爆發後，破碎的玻璃覆蓋了整座城市，這便是該事件名稱的由來。當晚有九十一名猶太人在暴動中死亡，數百人身受重傷，更有數千人遭受侮辱與恐怖攻擊。霍華德家中許多親戚與家人淪為納粹大屠殺的犧牲者。在美國貧窮的礦區小鎮定居下來的嘉納一家，時常擔心故鄉親友的安危，而在猶太收容所奇蹟般倖存下來，並成功逃往美國的親戚，便將嘉納一家的住處當成暫時的棲身之所。

在霍華德的記憶中，兒時家中的氣氛總是一片低迷。再加上嘉納夫妻曾親眼目睹七歲的兒子艾瑞克遭遇事故而喪命，對此深受打擊。艾瑞克幼年遭受意外死亡時，嘉納夫人腹中正懷著弟弟霍華德。日後霍華德母親曾這樣對霍華德說：「親愛的霍華德，要是那時候我肚子裡沒有懷上你，也許我們都已經自殺了。」可見失去長子帶給這對夫妻多大的痛苦。在霍華德成長的過程中，父母從未提及任何與艾瑞克有關的事。如果問他們家中四處掛著的照片是誰，父母只會回答是「鄰居小孩」。直到許久之後，他才發現那個鄰居小孩正是自己出生前死去的哥哥。

霍華德天生就有嚴重的內斜視（俗稱鬥雞眼），兩眼無法聚焦，再加上還有色盲和嚴重的近視。雖然眼鏡可以稍微矯正，但是霍華德看不清楚人們的表情，造就他兒時內向的性格。從小鋼琴就是他唯一的樂趣，他也曾夢想成為音樂家，然而隨著一九六一年進入哈佛大學就讀，他的眼界逐漸拓展至各個學術領域。相較於科學，他對歷史、文學、藝術有著更濃厚的興趣，並在某個機緣下一頭栽進心理學。

霍華德受到艾瑞克森（Eric Erickson）與布魯納（Jerome Bruner）等著名心理學家的影響，對心理學產生興趣；在遇見古德曼（Nelson Goodman）後，加入了具體研究創造力與藝術性的「零點計畫」（Project Zero）。取得博士學位後，霍華德又受到神經學家諾曼・葛許文德（Norman Geschwind）的影響，進行失語症相關神經心理學研究長達二十年以上。然而相較於純粹的研究，霍華德更關心能對實際生活帶來直接變化的教育改革與社會政策領域。

霍華德尤其感興趣的領域，是將腦科學所發現的新知，融入教育學之中。他深深著迷於人腦的功能，因為人腦可謂各種獨立功能的集合體。例如患有失讀症的人，雖然無法閱讀，卻能書寫文章。這類患者連自己剛才寫的文章都無法閱讀。

「天啊，竟然讀不了自己所寫的文章！」

這是因為患者大腦左側的視覺皮質受損，只剩右側的視覺皮質可以處理視覺資訊，但是這些資訊無法傳送至左腦的語言處理區——例如布氏語言區（Broca's area）、威氏語言區（Wernicke's area）等，才造成這樣的現象。儘管如此，這類患者依然可以書寫。因為連結左腦語言區與手指肌肉的神經依然留著，並未受損。霍華德最感興趣的，是人類閱讀、書寫之類的能力，並非由大腦的某個部位決定，而是腦中不同的部位相互合作所完成。他逐漸醉心於神經科學研究，日後數十年間遊走在神經科學與心理學、教育學之間，進行各種類型的研究。

多元智能理論的發現

關於大腦部分損傷造成的障礙等問題，霍華德嘗試結合神經心理學與認知發展心理學的知識，最終得出了這樣的結論：人類的認知能力是由許多獨立的要素所構成。他將這許多獨立的認知能力，稱為「多元智能」（Multiple Intelligences）。心理學當中長久以來使用的「一般智能」概念，亦即對ＩＱ的幻想，在這一刻宣告破滅。過去認為有一個統一的智能，ＩＱ高的人頭腦好，所以無所不能；ＩＱ低的人頭腦差，所以一事無成，如今關於高智商的信仰開始被打破。

自從二十世紀初發展出智能的概念後，對ＩＱ的幻想與信仰穩定維持了百年之久。儘管許多研究指出ＩＱ並非完全可靠的指標，大眾仍盲目信奉ＩＱ。一九二一年史丹佛大學著名的心理學家特曼（Lewis Terman），也是ＩＱ的忠實信奉者。他獲得政府補助的龐大研究費，展開有關ＩＱ智商的長期研究。首先，他在各級國小及國中教師的推薦下，選出聰明伶俐的二十五萬名學童。接著以這些優秀的學生為對象，重新實施ＩＱ測驗，選出一千四百七十位智商超過一四〇的孩子。最後選出的孩子可謂龍中之龍，鳳中之鳳，堪稱「天才」。

數十年來，特曼對這些孩子進行嚴密的追蹤觀察。他堅信在這些孩子當中，一定會出現引領下一個世代的菁英，也相信這些孩子長大後，大多會有傑出的成就，從未懷疑過這樣的想法。然而經過數十年後，在特曼的天才組當中，並沒有出現成就令全世界為之震撼的人。雖然的確有幾人在社會上功成名就，然而比率和另外一千四百位平凡組孩子中出現成功人士的比率相當。在特曼的天才組裡，沒有任何一位諾貝爾獎得主，然而在特曼實施智力測驗後，因為ＩＱ不高而被排除在調查對象的其他學生中，反倒出現了兩位諾貝爾獎得主。特曼選出的「天才」，在長大成人後，大多是從事平凡工作的「庸才」。經過數十年的追蹤調查後，特曼最終只能做出這樣的結論。

「ＩＱ和成就之間，不存在任何的關聯。」

ＩＱ高則成就高的迷思，至今還在韓國社會發酵。一般人盲目地認為，ＩＱ一四〇的人頭腦一定比ＩＱ一二〇的人好，業務能力也更強，日後一定會在社會上功成名就。當然，這不是說ＩＱ和學業或任務執行能力毫不相干。平均智商ＩＱ八十和ＩＱ一三〇之間，必定存在著一定的差異。然而根據心理學家的看法，超過ＩＱ一三〇後，智商和成功的可能性毫無關聯。

《異數：超凡與平凡的界線在哪裡？》（*Outliers: The Story of Success*）的作者麥爾坎・葛拉威爾（Malcolm Gladwell）建議我們，可以看看二〇〇七年之後獲頒諾貝爾醫學獎的二十五位美國學者，他們畢業的大學清單。既然是諾貝爾獎得主，一定是一流大學畢業的吧？事實並非如此。其中雖然不乏哈佛大學或耶魯大學，不過也有不少人畢業於名不見經傳的大學，像是漢密爾頓學院、凱斯理工學院、聖十字學院、亨特學院等。換言之，即使高中階段不是成績那麼優秀的學生，也絕對可以成為獲頒諾貝爾獎的傑出學者。諾貝爾化學獎得主畢業的大學也是如此。雖然也有哈佛大學或史丹佛大學等名校，不過也有其他並不知名的大學，例如羅林斯學院、格林內爾學院、伯里亞學院、奧古斯堡學院等。可見高中畢業上大學時，只要智力程度能夠考上一般的大學，日後想要獲得諾貝爾獎絕對沒有問題。那麼，讓這些智商在一般水準的人，發揮驚人的成就能力，創造優異表現的原動力是什麼？這正是霍華德多元智能理論中提及的力量。

霍華德的多元智能理論認為，人類的能力是由幾個獨立的個別智能所構成。多元智能理論從根本上改變人們對人類能力的理解，並且對試圖改變人類能力的教育學影響深遠。霍華德在一九八三年出版的《發現七種ＩＱ》（*Frames of Mind*）一書中，系統地探討多元智能理論，藉此確立了八個彼此獨立卻又自律的智能理論[1]。該書雖然不是大眾類書籍，然而甫一上市，立刻吹起一陣旋風。尤其是教育相關人員，對於多元智能理論如何應用於實際教育現場，更是興趣盎然。

根據霍華德的多元智能理論，人類的智能是由至少八個彼此獨立存在的內涵所構成❻。

一、**語言智能**是書寫、說話的能力。語言智能越高，語言習得速度越快，越擅長書寫且語言表達流利。詩人或小說家的語言智能通常較高。

二、**邏輯數學智能**是理解、處理邏輯符號或數字的能力。運算速度快、擅長玩智力遊戲的人，這項智能越高。程式設計師尤其需要邏輯數學智能。

三、**視覺空間智能**是認知立體空間的能力。擅長認路的人、精通設計或繪圖的人，視覺空間智能較高。設計師或建築師必須具備這項智能。

四、**音樂智能**是掌握與使用節奏、旋律、和聲等技巧的能力。聽過一遍歌曲就能立刻唱出的人，或是音感較好的人，這項智能較高。音樂家或作曲家必須具備音樂智能。

五、**身體動覺智能**是調整身體動作的能力。如果能快速學會某個體育動作或舞蹈動作，代表這項智能較高；從小不擅長跳舞的人，代表這項智能較低。運動選手或舞者尤其需要身體動覺智能。

❻《發現七種IQ》將人類智能分為七種，分別是語言智能、邏輯數學智能、音樂智能、身體動覺智能、空間智能、人際智能、內省智能，本書作者則加入自然智能。

1+1=2
5
邏輯數學
智能
語言智能
視覺空間
智能
8
多元智能
理論
內省智能
身體動覺
智能
人際智能
自然智能
音樂智能

六、**自然智能**是識別與分類自然界中事物或現象的能力。擅長辨識生活周遭樹木、花卉品種或名稱的人，這項智能較高。動物學家或植物學家等學者尤其需要自然智能。

七、**人際智能**是掌握他人內心狀態或意圖，與他人建立並維持人際關係的能力。簡單來說，越懂得察言觀色的人，這項智能越高；越不諳世故的人，這項智能越低。銷售人員或政治人物尤其需要人際智能。

八、**內省智能**是主動認知與控制個人想法、感受及情緒狀態的能力。這是情緒智能或EQ的關鍵，與克制衝動、調節情緒的能力直接相關。內省能力本身無關任何特定的職業，卻是能幫助其他智能有效發揮的智能。

內省智能的重要性

霍華德的多元智能概念與過去智能概念最大的不同，在於人際智能與內省自能。特曼所開發的史丹佛–比奈智力量表（Stanford-Binet Intelligence Scale），是世界上最廣泛使用的標準化智力測驗工具，主要由語言能力、數理能力、推理能力、空間知覺能力等四項要素構成。該量表沒有人際智能與內省自能，也就是這兩項要素並未被放入傳統的智力測驗中。

在一篇紀念多元智能理論發表二十五周年的文章中，霍華德主張人際智能與內省智能可能其實是單一智能的一體兩面。換言之，霍華德認同人際智能與內省智能表現出來的方式雖然不盡相同，實際上卻是同一智能。這項主張背後的依據，是十多年來神經科學與腦影像的研究結果。當一個孩子具備理解他人心思的基本能力「心智理論」時，這個孩子便同時獲得對他人的概念與對自己的概念。換句話說，理解他人的立場和理解自己的立場，或者說區別他人和自己，終究是同一種能力。理解他人立場的那一刻起，自我意識也隨之誕生；自我概念的根本，便是在意識到他人目光的瞬間，或是站在他人的觀點省視自己的瞬間形成。

在腦科學研究中，也證實了這樣的事實。人們在思考自己、思考他人，以及意識到他人觀看自己的目光時，大腦都有一些特別活躍的地方，那就是內側前額葉皮質（medial prefrontal cortex）和楔前葉（precuneus）等部位。也就是說，在思考自己和思考他人的時候，相同的部位都會變得活躍。因此，霍華德才會主張人際智能和內省智能是人格智能的一體兩面。

EBS電視台二〇〇八年播出的紀錄片《孩子的私生活》第四部，曾介紹過多元智能，並對韓國在各領域表現傑出的人物實施多元智能調查。其結果，國內首度成功完成心臟移植手術的頂尖外科醫師宋明根，在邏輯數學智能、自然智能、內省智能的表現相對較好；在二〇〇七年洛桑國際芭蕾舞大賽奪得冠軍的芭蕾舞者朴世恩，在身體動覺智能、人際智能、內省智能的表現較好；一九九九年獲頒年度設計師大獎，並且在歐洲頗負盛名的服裝設計師李相奉，在視覺空間智能、語言智能、內省智能的表現較好；二〇〇七年獲頒金唱片獎的歌手潤荷，則在音樂智能、語言智能、內省智能的表現較好。

這個結果道出一個明確的事實：在各自的領域創造佳績的人，除了與該領域相關的智能外，也同時具備良好的內省智能。換言之，邏輯數學智能好，不代表就能成為傑出的科學家；音樂智能好，也不一定能成為一位成功的優秀音樂家；只有身體動覺智能好，也難以成為頂尖運動選手。除了一種以上的智能外，還必須擁有良好的內省智能，才能達到優異的表現。

與內省智能最密切相關的，是情緒調節能力。其實內省智能就是精準認知自身情緒狀態的能力，以及自由調整情緒狀態的能力，而人際智能則是掌握他人心情或情緒狀態，精準拿捏當下氣氛，並影響他人態度的能力。這些智能經常以領導能力和說服能力的形式出現。

這麼說來，想要在某個領域達到傑出的成就，並且進一步營造成功的人生，這些人格智能必定不可或缺。因為社會上的所有價值，無論是金錢、名譽，還是權利、愛情，全都源於人際關係。我們口中所謂人生的「成就」或「成功」，其根本都與人際關係脫不了關係。這種建立、維持與調整良好人際關係，做好衝突管理的能力，正是人格智能。

復原力的核心要素中包含這種人格智能，絕非偶然。尤其內省智能是一種能幫助其他智能發揮力量的智能，可以視為一種後設智能（meta-intelligences）。內省智能本身雖然無法發揮強大的力量，然而透過與其他智能的結合，便可擴大該智能的發揮，可以說扮演著類似某種催化劑或酵素的功能。例如一位身體動覺智能優異而在足球方面嶄露頭角的運動選手，未來想要成為一位成功的足球選手，就必須具備高水準的人格智能。如此一來，才能在與其他隊員、球隊教練以及球隊外的各種人際關係中獲得認同，並且獲得心理上的安定、訓練動機與自信，以一位足球選手、一個獨立人格的身分持續成長。

霍華德的內省智能與復原力的自我調節能力密切相關。接下來將一一介紹自我調節能力的三個基礎，也就是情緒調節能力、衝動控制能力與原因分析能力。

情緒調節能力

喚起正面情緒的習慣

蠟燭問題與糖果

自我調節能力是復原力的要素之一，其基礎在於內省智能，高水準的內省智能則表現在「情緒調節能力」上。情緒調節能力是在各種壓迫與壓力的情況下，依然保持平靜的能力。復原強者都具有這種控制自身情緒、注意力與行為的能力。情緒調節能力不是單純壓抑憤怒或厭煩等負面情緒的能力，而是在需要的時候，隨時都能喚起正面情緒，以輕鬆有趣的態度面對工作的能力。

康乃爾大學心理學家艾麗絲．伊森（Alice Isen）教授的研究團隊，經過三十多年來的大量研究，證實正面情緒能顯著提升創造力與問題解決能力。心理學家們開發出各種能測試創造

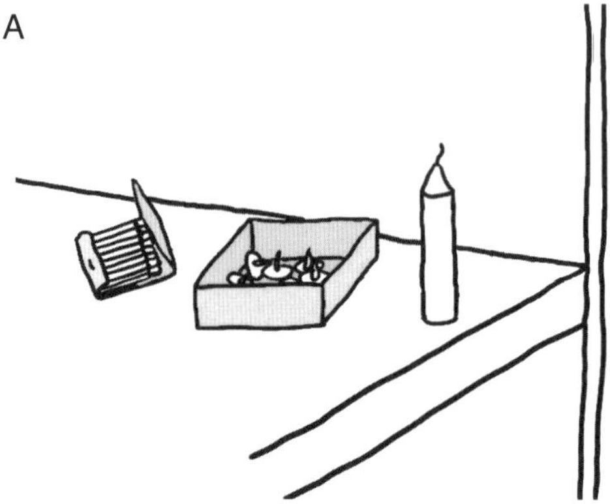

A

力與問題解決能力的問題，其中又以鄧克（Karl Duncker）所開發出[2]的蠟燭問題（參見上圖）最具代表性。

他先將圖中的一盒火柴、一盒圖釘和一根蠟燭分給學生，並交給學生一項任務：將蠟燭固定在教室牆壁上，並且點燃蠟燭，不可以讓蠟油低到書桌或教室地板上（如圖A）。由於我們已經習慣將蠟燭固定在平面上的思維，所以並不容易立刻解開這個問題。

這個問題的正確答案如圖B。正確答案看似簡單，實際上要解開這個問題，必須先發揮「創造力」，懂得利用圖釘的盒子作為蠟燭的架子。鄧克稱之為「跳脫功能固著」。也就是說，圖釘的盒子被賦予的功能是「盛裝圖釘」，唯有跳脫這種圖釘盒的功能固著，將圖釘倒出盒子後，賦予圖釘盒新的功能——「蠟燭架」，這樣的創造力才是解開問題的鑰匙。創造力與想出新奇獨特

B

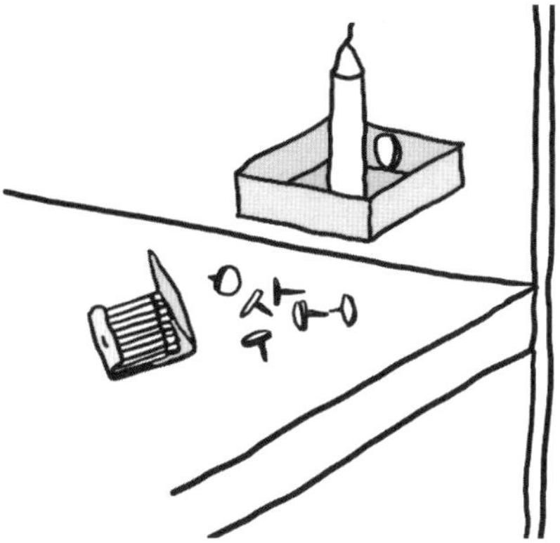

的點子的「想像力」不同。所謂「創造力」，就是創意解決問題的能力，創造力強，才能在各個領域發揮驚人的任務成就能力。

能夠跳脫特定事物的功能固著，代表能不被事物普遍的意義所侷限，而能賦予嶄新創意的意義。就像有一杯水，這個杯子被賦予的功能是「盛裝水」，然而倒光水後，杯子可以當作筆筒使用，也可以在底下鑽孔當作花盆使用。所謂「跳脫功能固著」，意思就是揚棄事物普遍被賦予的意義，重新賦予其他獨特的意義。這種積極進取的生命態度，正是我們解決人生中各種問題的能力的根本，而這種能力自然是復原力的構成要素。

正如前面所說，憑藉堅強的復原力克服逆境的人，他們的共通點都是在面對逆境與苦難時，不受刻板印象所侷限，能主動賦予新的意義，甚至將之逆轉為機會。將逆境轉變為機會的力量，就是跳脫功能固著的能力。

我們在日常生活中，經常會遭遇新的問題。此時，重新盤點自己能夠使用的各種人力、物力資源，並且賦予新的意義與功能，藉此創造最佳解決方案的能力，正是復原力最關鍵的要素。

如何跳脫功能固著

那麼，該如何鍛鍊這種跳脫功能固著的力量呢？康乃爾大學伊森教授將學生分成兩組，其中一組觀看五分鐘有趣的喜劇電影[3]，學生們莫不捧腹大笑，看得津津有味；另一組學生則觀賞不會引起任何情緒（但是能刺激邏輯思考）的數學電影。看完電影後，再給每位學生十分鐘，讓他們解開鄧克的蠟燭問題。究竟哪一組更能解開問題呢？

結果令人驚訝。笑著看完喜劇電影的一組，有七十%在十分鐘內解開問題，而觀賞能刺激邏輯思考的電影的一組，只有二十%解開問題。這兩組學生沒有智力或學力程度的差異。只是看了喜劇電影，開懷大笑一段時間，或者說正面情緒被引發後，竟能帶來如此大的差異。

伊森教授不只使用喜劇電影來引發正面情緒。她送給一些實驗參加者幾顆便宜的糖果表示感謝，受試者莫不感到快樂，而這股微小的喜悅也帶來巨大的差異。比起沒有獲得糖果的人，獲得糖果的人不僅更能解開蠟燭問題，也在其他創意測驗問題上有傑出表現。

例如在空房間的天花板上，垂掛著兩條繩子，繩子長度幾乎要碰觸地板。這裡的任務是將兩條繩子的末端綁在一起，使彼此相連。但是因為繩子較短，無法抓著其中一條繩子靠近另一條繩子。環顧四周，房內只有一張木椅。那麼，該如何連接兩條繩子呢？解決問題的關鍵在木椅。當然，坐在木椅上思考，或是踩在木椅上往上爬，都無助於解決問題。因為這樣的想法，並未跳脫椅子被賦予的功能，只是將椅子當成椅子思考而已。

解決辦法是將椅子綁在其中一條繩子的末端，像鉛錘一樣擺盪。先讓一條繩子綁住椅子並且擺盪，這時抓著另一條繩子，當掛有椅子的繩子擺盪過來時，抓住繩子，解開椅子後，將兩條繩子綁在一起即可。解決這個問題的關鍵，也在於跳脫功能固著的能力，考驗受試者能否將椅子當成擺盪繩子的「沉重鉛錘」。根據伊森教授團隊的說法，得到糖果而心情愉快的人，也更容易解開繩子問題。

在伊森教授的實驗之前，正面情緒能提高各種問題解決能力的事實已經為人所知。從羅施（Eleanor Rosch）的聯想實驗[4]來看，獲得餅乾、果汁等小禮物，或是看五分鐘喜劇電影而引發正面情緒的人，也比對照組表現出更豐富的聯想能力。例如有個問題是提示部分單詞，讓受試者將不同範疇的概念串連起來。如果給的是汽車、公車、貨車等單詞時，很容易用運輸工具的概念來串連。但是如果給的是電梯、駱駝、腳等單詞時，較難用運輸工具等範疇的概念來涵蓋。這種將概念上較遠的單詞串連起來的遠距聯想，需要相當程度的想像力與創造力，也和跳脫功能固著一樣需要「打破刻板印象」。然而在同樣的條件下，獲得果汁、餅乾的學生，或是觀賞喜劇電影而心情愉快的學生，更能發揮高水準的遠距聯想能力[5]。

一包糖果的威力

然而這些實驗的侷限，在於主要受試者都是學生。在正面情緒能提高「創造性問題解決能力」的研究結果陸續發表後，學界也開始出現批判的聲音，認為這種正面情緒的效果可能只對學生有效。為了平息這些憂慮，伊森教授開始針對成人進行類似的實驗。這還是以社會上最受人信賴的職業之一的大型醫院內科醫師為對象，調查正面情緒對醫師看診能力造成的影響。

這項研究對美國大型綜合醫院之一的亨利福特醫院四十四名內科醫師實施，其結果與針對學生調查的研究結果相去不遠[6]。收到一包糖果作為感謝的醫師，在創造力測驗所得到的分數，比沒有得到任何禮物的醫師高。小小一包糖果所引發的正面情緒，竟能瞬間提高從事高度專業工作的成人——也就是醫師的創造力與問題解決能力。不僅如此，更令人驚訝的是，在個人職業滿意度上，得到糖果的醫生認為內在動機（例如身為醫師為病人治病的價值）比外在動機（例如醫師是高報酬的職業）更為重要。這項實驗再度證明，正面情緒能讓人成為「更好」的人，使人們具備願意為他人服務的包容胸襟。

幾年後，伊森教授再次針對內科醫師進行實驗[7]。這次所調查的，是獲得一包糖果而引發的正面情緒，對醫生本職的任務執行能力是否也有影響。在隨機將醫師分為獲得糖果組與對照組後，給予一個病情複雜的肝病患者個案，讓醫師進行診斷。令人驚訝的是，獲得糖果的醫師表現出更高的問題解決能力。當然，獲得糖果的醫師並未食用糖果。糖果只是裝在一小包塑膠袋內，用緞帶包裝漂亮後，送給醫師表達感謝之意而已。儘管如此，他們仍發揮出較高的創造力，更快整合相關訊息，也能對一開始錯誤的判斷迅速改變自己的立場，表現出高度的彈性。相較於沒有得到糖果的對照組，他們更早發現病患身上與肝病相關的徵兆，也更少受到刻板印象的限制。換言之，擁有正面情緒的醫師能更快推算出的全面而具體的資訊，思考上的侷限也相對較少。幾顆便宜的糖果引發的一點正面情緒，竟能帶來驚人的效果。

由此可見，正面情緒不僅能提高創造性問題解決能力，也能提高專門職業從業者具體的任務執行能力。除此之外，伊森教授團隊經過各項實驗，也證明了正面情緒有助於提高協商能力或決策過程中的能力，引發人們的內在動機。

正面情緒提升的效果

由此看來，即使只是短暫引發正面情緒的行為（例如收到意料之外的糖果禮物、觀賞五分鐘的喜劇電影、回想值得感謝的事），也能明確提升認知能力。許多研究證實，這種正面情緒能增加思考的彈性[8]，提高創造力與問題解決能力[9]，同時強化注意力與記憶力，帶來全面提升認知能力的效果[10]。

正面情緒是如何達到這樣令人驚訝的效果？對於這個問題，過去雖然有許多推論，不過都未能明確解釋原因。直到一九九〇年代末，才出現多巴胺效果的理論[11]，而許多學者也紛紛對此表示贊同。正面情緒能暫時提高腦中多巴胺的濃度，不過不是因為多巴胺濃度提高，使心情變得愉快，而是心情愉快時，多巴胺大量分泌，刺激大腦各個部位的活化，進而提高認知能力。也有研究指出，在遺傳基因中，神經細胞對多巴胺反應更敏感的人，性格也較為外向活潑[12]。不過只要多練習提高正面情緒，使多巴胺分泌影響的正面訊息處理迴路更加活躍，我們也能像天生開朗幸福的人一樣擁有正面腦。

除了自我調節能力外，正面情緒也能提高復原力的第二要素——人際關係能力。人際關係能力基本上由兩種態度決定，一是能多大程度認同自我與他人，二是如何克服他人與我之間無法跨越的隔閡。換言之，所謂的「關係」，就是「自我擴展」（expanded self）的問題。正面情緒引發「自我擴展」的概念，進而認同他人與自我，人們因此能更正面地看待他人。所以正面情緒的提高，能帶動自我擴張能力的提高，最終使人們成為更好的人。這些人從事志工或善事的可能性較高，為人親切，也積極與他人建立關係。

實驗證明，正面情緒不僅有助於創造力的增加與任務執行能力的提升，也能使人們具備更廣闊的思維與心態。大量研究關於正面情緒效果的伊森教授團隊，也著手調查正面情緒對社會分類的影響[13]。研究人員隨意將六十四位受試者分為兩組，其中一組同樣贈送有精美包裝的糖果，引發其正面情緒。接著讓受試者判斷電腦螢幕上出現的人，是屬於正面、優秀的類型，還是屬於負面、弱勢的類型。電腦螢幕上出現的是不同職業、年齡層與性格特徵的人物照片。實驗結果顯示，正面情緒被引發的受試者，有更高比例做出正面的判斷，將窮人、老人、清潔員等社會弱勢者歸類為好人。換言之，在正面情緒提高後，人們將更正面看待他人，而負面偏見或刻板印象將相對減弱。反之，負面情緒會帶來嚴重的偏見與刻板印象。自怨自艾的人比他人更容易妄自菲薄，也因為受到偏見的影響而產生負面的目光。許多科學研究已經證實，正面情緒能幫助我們跳脫對他人的負面偏見。你是否覺得身邊有許多怪人、壞人、邪惡的人、負面的人？若是如此，那就有必要好好反省自己，因為這很可能是你自己的負面情緒造成的結果。

不僅如此，正面情緒也能培養我們追求某些新事物的進取心與挑戰心。例如負面情緒強烈的人傾向安於現況、不求改變，正面情緒強烈的人則傾向求新求變。因此，幸福的人更具有挑戰心與進取心，樂於追求新事物。這正是幸福、正面的人擁有更多機會的原因。

一項實驗結果顯示，當正面情緒被引發後，受試者在選擇特定的產品時，表現出更高水準的多元性[14]。這項實驗首先引發部分受試者的正面情緒，接著拿出幾個知名蘇打餅乾品牌和不知名品牌（或是看起來不好吃）的餅乾，詢問受試者願意購買哪一個品牌。結果正面情緒被引發的人，選擇不知名新品牌的比例更高。換言之，即使在日常生活中，正面情緒也提高了人們選擇新事物的好奇心與積極度。其他研究結果也顯示，在執行日常事務上，正面情緒能提高對新事物與特殊事物的喜好度，使人們樂於追求新奇且具有創意的事物，這與上述研究結果不謀而合。

Google 的案例

正面情緒不僅在個人能力方面能提高創造力與問題解決能力，在人際關係方面也能帶來良好的影響，而這樣的研究結果在組織管理的層面更帶動許多改變。Google 公司正是實際應用這些研究結果的經典案例。一九九八年，默默無聞的大學生布林（Sergey Brin）和佩吉（Larry

Page）創辦了 Google，當時在搜尋引擎市場上，已經有 Yahoo、AltaVista、Excite 等公司，挾著巨大的資本展開激烈競爭。新興小型搜尋引擎公司幾乎沒有立足之地。然而布林和佩吉開發出自動計算網頁重要度的新方法，這項技術能更精準找出使用者需要的資訊，並且依照順序排列。這兩位年輕人既無意創辦新的公司，也沒有足夠能力，他們打算將自己開發出的全新搜尋引擎技術，賣給當時的 AltaVista、Excite 等大型搜尋引擎公司。然而沒有任何一間公司對他們的新技術感興趣。當時人們認為搜尋技術大同小異，唯有加強市場行銷和宣傳，才是在競爭激烈的搜尋引擎市場中存活下來的唯一道路。

眼見自己的技術沒有任何公司買帳，布林和佩吉無從選擇，只好自己創辦公司。如果之前一切都照布林和佩吉的預期發展，大概也不會有今天的 Google 了。

布林和佩吉新開發的搜尋引擎發跡於史丹佛大學，因此相對容易尋找新的投資者。雖然沒有刊登廣告，不過多虧這種劃時代的搜尋結果排序方式，他們的搜尋引擎領先群雄的消息瞬間傳開。一九九九年九月，在官方測試結束時，Google 網站已經達到一天三百萬件的檢索。

之後過了兩年，Google 甚至超越當時最強大的競爭公司 Yahoo，成為最受使用者青睞的搜尋引擎。最終在創業三年內，成為搶占數十億美元市場的企業。以搜尋服務起家的 Google，如今已推出各種多元而創新的服務，例如智慧型手機、Google 瀏覽器、Google 地圖、Google 文件、作業系統 Chrome OS 等，並且持續以全球最大ＩＴ企業之姿急速成長。截至二〇一〇年四月，Google 總市值達一千七百六十億美元；而二〇〇九年的總銷售額更達到兩百三十六億美元，成就驚人。儘管如今企業成長率較初期趨緩，不過二〇〇五年至二〇〇九年的年平均成長率仍創下高達四十％的紀錄。

創辦人布林和佩吉堅信 Google 能夠達到近乎奇蹟的成長，全都歸功於員工的創造力與問題解決能力，而這樣的信念也如實反映在全球 Google 公司的辦公室環境上。布林和佩吉信奉伊森教授的研究結果——「不快樂，就沒有創造力」，努力實踐「趣味管理」。Google 辦公室內裝有絢爛的霓虹燈，還有各種奇形怪狀的玩具，努力讓員工過得更開心，而這樣的安排是有科學根據的。這樣的環境忠實反映了伊森教授的研究結果——正面情緒有助於提高創造力與問題解決能力。

例如 Google 韓國分公司的辦公室，讓人彷彿置身遊樂園和玩具店。全球 Google 公司的內部餐廳全部免費，提供的食物也比任何員工餐廳豐富。休息室備有撞球和室內足球等各種遊樂設施，也有按摩椅和遊戲機。

Google 深知公司能在短時間內成長為全球最大企業，其原動力就在於員工的創造力，而創造力的激發有賴於最大程度降低負面情緒（例如壓力等）。Google 的革命性成就，其實是在愉快的辦公室文化下誕生。能夠在開心踢著足球的同時，或是在餐廳一邊用餐，一邊高聲交談的同時，將腦中迸出的點子立刻反映在新的產品上，這正是Google的優點。Google的這種趣味管理不僅讓微軟緊接跟進，就連韓國的許多企業也爭相模仿，尤其是將創造力視為生命的IT企業或各種設計相關公司。

除了伊森教授的研究團隊外，許多學者也陸續發表研究，證明正面情緒能培養個人的許多能力。如果要用一句話，總結數十篇研究正面情緒效果的論文，那就是當人們擁有正面情緒和幸福感時，其思維將會加廣、加深、加快，變得富有創意與想像力。因此，想要將自己的能力發揮到極致，必須懂得喚起正面情緒，養成在關鍵時刻自動引發正面情緒的習慣才行。

憑藉優秀的任務執行能力與圓融的人際關係，走在成功道路上的人，不一定是智商特別高的人。一個人的智商和成就沒有絕對的關係，這已經是學界的共識。能否在職場、社會或校園中取得成功，端看當事人在面臨重要事件時，能否自動喚起正面情緒，以開朗愉悅的態度處理事情。換言之，已經習慣在關鍵時刻給自己「糖果」，藉此喚起正面情緒的人，才能發揮優異的能力。

伊森教授主張，正面情緒能活化腦中掌管判斷能力、可塑性、創造性的多巴胺系統。這種可塑性不僅能提高問題解決能力，也有助於圓融的人際關係。上班族的不幸福感和壓力大多源於人際關係，尤其與上司或同事間的衝突，更是上班族選擇辭職的最大原因。因為工作辛苦或報酬低而辭職的人，反倒是少數。為了營造融洽的人際關係，我們必須先變得幸福，內心充滿正面情緒才行。

想要提高復原力，必須先養成面對重要事件時，能自動喚起正面情緒的習慣。在重要的考試即將來臨時、要在許多人面前做簡報時、工作上被賦予重要的企劃時，能欣然接受任務，甚至內心出現言語難以形容的快感的人，必將發揮卓越的任務成就能力。這個世界終究是屬於他們的。

衝動控制能力

享樂吧，別忍耐！

去讀書，別只顧著玩？

衝動控制能力不只是單純壓抑衝動的能力。衝動性一般是指盲目從事某件事情，或是按照當下的心情做事。衝動控制能力是賦予自己做某件事的動機，並且適時調整的能力。這和單純的耐心或耐性不同，而是建立在自律性之上的一種享受痛苦的能力，或者將痛苦的過程昇華為喜悅的心理習慣。這種習慣是構成復原力非常重要的因素。

根據馬斯洛的理論，基本上有兩種動機能激發人類行動。一種是渴望填滿不足的「匱乏動機」，另一種是想成為更好的自己的「成長動機」[15]。例如肚子餓想找東西吃，這是受匱乏動機驅使的行為，想解決「飢餓」這個匱乏。反之，想要成為更好的運動選手而努力練習，這是受成長動機驅使的行為。

相較於匱乏動機，衝動控制能力與成長動機有著更緊密的關聯。無條件的忍耐，例如飢餓也能忍，瞌睡也能忍，痛苦也能忍，這只是單純的耐力，不是衝動控制能力。衝動控制能力指的是為了成就更好的自己，樂於持續付出努力的成長導向型自我調節能力。

衝動控制能力和丹尼爾・高曼所提出的情緒商數（EQ）概念相通[16]。丹尼爾・高曼曾發給兒童一顆棉花糖，約定忍耐十五分鐘不吃，就再給一顆棉花糖，接著讓孩子獨處。對孩子而言，獨處時看著眼前美味的棉花糖而不動手，需要極大的自制力。丹尼爾・高曼的情商實驗顯示，具有高度自制力的兒童，未來將有更高的學業成就或業務成就。

「衝動控制能力強」的真正意義

相較於其他國家，韓國人的衝動控制能力算是特別好的。透過瑞維奇和夏提的復原力測驗工具與美國人相比時，在復原力的各項要素中，韓國人唯一分數較高的是衝突控制能力，至於其他要素的表現明顯較差。這是有待我們注意的地方。

韓國人的衝突控制能力表現較好這點，確實值得讚賞。不過要讓這種衝動控制能力朝健全的方向發展，必須先與正面性或自律性達成平衡。所謂健全的衝動控制能力，是為了專注於我想做的事、我喜歡做的事、我所選擇的事、我認為有意義的事，而克制其他衝動。然而這種缺乏正面性或自律性的衝動控制能力，不過是耐性的展現，可能逐漸削弱我們的意志。

韓國人的衝動控制能力之所以較強，可以說是從小被教育要忍耐的結果。我們的教育環境過度偏向競爭主義，在校成績或年級排名的優劣排序，被賦予絕對的意義。在這種環境下長大的韓國人，逐漸養成了將自己該做的所有事情，看作是「必須忍耐的痛苦」的習慣。多虧這樣的教育環境，使韓國人表面看來擁有較強的衝動控制能力，也因此成為投入最多時間讀書、工作的民族，然而這種被逼出來的衝動控制能力，只會消耗整體的創造力和效率。

韓國扭曲的教育環境與教育理念，也導致了扭曲的後果。在國際學生能力評量計畫 PISA 的結果中，韓國國三學生的數學、科學、閱讀等科目的學業成就持續居於頂尖。在二〇〇九年比較六十五個國家學生能力的一項報告中，韓國甚至在閱讀、數學、科學三個領域全部名列前茅（前四名）。就 OECD 國家來看，韓國的閱讀、數學排名第一，科學排名第二，可見韓國學生的學業成就相當優異。

然而令人驚訝的是，在興趣、內在學習動機、學業自我效能（對學習的信心）、與其他學生組隊學習的合作學習意願、終生學習必需的自我主導學習能力等方面，表現卻是倒數。反之，美國與德國、法國、芬蘭等歐洲先進國家在這些方面得到高分。就連學業成就低於韓國學生許多的美國學生，在對學習的興趣或動機、學業自我效能等方面，都得到相當高的分數。

以二〇〇四年數學為例，韓國學業成就排名第三，名列前茅，然而學業興趣排名第三十一、學習動機排名第三十八，排行倒數。像這樣學業成就和學業興趣程度兩極化的國家，也只有韓國而已。此外，與其他五十七個國家的學力相比，從二〇〇六年的科學來看，韓國學生的學業成就排名第五，然而學業興趣在吊車尾的五十五名。二〇〇九年的閱讀也是如此，學業成就成績相當優異，而學業興趣只排名第二十八，更不用說自我學習管理能力（自我調節能力）排名倒數第一。韓國學生只有在外人的逼迫下才有好的學業成就，卻缺乏主動感受學習樂趣、自發學習的能力。

一般而言，學習成就與學習動機、學習興趣、學習自我效能呈正相關。學習表現良好的學生，自然能體會學習的樂趣，並從中產生信心。但是韓國的學生雖然比其他國家孩子更會讀書，對學習的興趣、動機和信心卻最為缺乏。這種特殊現象只有韓國才看得見。其他國家學生的學業成就與學業興趣、學習自我效能，都有高度的關聯性，只有韓國反其道而行。

正是因為這個原因，韓國學生儘管具備優秀的能力與資質，卻在進入強調自主學習的大學後，競爭力反倒大幅下降，甚至出社會後，在業務成就或生產力方面都大不如人。

姜英宇博士是韓國首位在美國取得博士學位的視障者，也曾擔任白宮國家殘疾人委員會政策助理，他在二〇一〇年的一場演講中，指出韓國教育熱潮下「關鍵性的缺點」。舉例來說，每年韓國學生都以優異的成績進入哈佛大學，在哈佛大學一千六百名新生中，韓國學生的比率約為六%。他們無論是SAT成績或高中在校成績，表現都相當優秀。然而沒有被哈佛大學錄用的學生當中，韓國學生竟然占十分之九。

教育專家們呼籲，在青少年期的十五歲，即使學生的學業成就稍低，擁有較高的情感態度（例如學業自我效能、學習興趣、內在動機等）反倒更為重要。因為對學習或工作深感興趣而樂在其中的人，沒有人能與之匹敵。OECD教育局的PISA管理負責人貝爾納．威尼耶（Bernard Hugonnier）曾說：「韓國學生確實是世界上最優秀的學生，但是這些孩子並不幸福。」

是什麼讓孩子變得脆弱不幸

韓國學生究竟出了什麼問題，才會發生這種現象？其實這並非年輕學子的問題，而是過度利用外在獎勵（胡蘿蔔與棍子、獎勵與懲罰）激發學習動機的錯誤教育理念所導致。唯成績是問的家長與學校，正逐漸摧毀孩子。以升學為導向的學校教育和擔憂孩子前途的韓國家長，不僅沒有讓孩子培養出如皮球般堅韌的復原力，反而使孩子成為脆弱的玻璃球，一落地就裂成碎片。

不久前在某個部落格讀到一則故事，還只是國中一年級的小女孩，從公寓跳樓身亡。她多才多藝，會畫畫，會寫作，甚至學業成績都在全校前五名，加上性格開朗，深受所有朋友和老師喜歡。所以在她忽然跳樓身亡的消息傳出後，身邊所有人都受到極大的打擊。後來查出自殺的原因，是她承受不了成績帶來的巨大壓力。國小總是排行第一、二名的她，成績在升上國中後稍微退步，也因此經常受到父母的責備，被成績壓得喘不過氣。

在考試前離家出走或罹患憂鬱症的青少年，該有多少呢？是誰將我們的孩子推入這樣的絕境中？正如社會學家們所言，這些孩子的自殺其實是「社會性謀殺」。韓國是全球自殺率最高的國家，尤其二十至三十歲青年的自殺率，在近幾年大幅提高，自殺更成為二、三十歲青年死亡原因的第一名。我們的青少年在整個社會洋溢自殺氛圍的韓國出生，心中充斥著集體的不幸福感和對未來的恐懼。

韓國兒童與青少年感受到的幸福程度，在 OECD 國家中敬陪末座。甚至可以說韓國青少年與兒童正承受著病態的不幸福感，深陷於集體憂鬱之中。他們迫切需要的，是無論遭遇什麼困難，都能迎刃而解的信心與復原力。要讓青少年的生命充滿活力與歡樂，必須先培養他們的復原力。就像投保名為復原力的保險，保護孩子的人生不受逆境的影響。

是什麼讓孩子變得如此不幸、脆弱?答案是以入學考試為主的教育。一句話總結韓國的教育制度,就是「苦盡甘來」。「沒有痛苦,沒有收穫(No pain, No gain)」的思維,彷彿是家長或老師、學生堅信不移的信仰。韓國孩子從小常會聽媽媽說:「去讀書,別只顧著玩!」無論學生或家長,所有人都將玩樂與讀書視為對立的概念。因此,孩子們的大腦被植入一個危險的「常識」——玩樂是愉快的,而讀書是痛苦的。於是他們看待學習時,只有滿滿的負面情緒。讀書成了無聊又痛苦,卻是為了保障未來的安逸而「必須忍耐的痛苦」。把讀書打造成痛苦的深淵,整個社會進行一場誰更能忍耐痛苦的比較遊戲,這就是韓國的教育。

網路上流傳一段國小五年級學生寫的句子,他說:「在名為學校的監獄裡,被關在名為教室的牢房裡,穿著名為校服的囚服,踩著名為室內拖的囚鞋,接受名為教育的懲罰,等待名為畢業的釋放。」在這段文字中,明確傳達了這概念——學校=監獄;讀書=懲罰;畢業=釋放。知道學生為什麼在畢業的時候,要四處撒麵粉、撕破制服,甚至光著身子跑,用這種極端的方式來抒發解脫的快感嗎?那是因為對學生而言,學習就是痛苦,校園生活本身就是壓迫。

是誰創造出這種名為學校的監獄?那當然是我們大人。而且在這座名為學校的監獄中長大的孩子,又接著被送往規模更大、名為大學和職場的監獄。換言之,整個人生都在監獄中度過。韓國學生從國小開始,就在成功至上主義和競爭至上主義的縫隙中掙扎。孩子們必須在國小表現好，國中的成績才會好；國中的成績好，高中才會讀書讀得好，也才能考上好的大學，出人頭地。無論是公家教育還是私人教育，韓國教育制度本身就是為了將孩子送往頂尖大學而存在。在這種競爭為主的教育環境下，學習必然是痛苦本身。

這些受到大考競爭折磨的孩子，從小澈底接受了克制衝動的教育。這樣的環境，最終只會培養出塔爾．班夏哈（Tal Ben-Shahar）所說的「逐利者」[17]。

是時候改變這種錯誤的觀點了。我們該教導孩子「學習」這件事的樂趣，告訴孩子學習比任何遊戲都要好玩。從世界歷史來看，人類在解決吃喝拉撒的問題後，接著便是追求知識遊戲，投入閱讀、寫作等各種創作活動中。看看希臘貴族，真正有趣的終究是知識遊戲，也就是學習。至於發揮個人創意建構具有說服力的主張與理論，這樣有趣的遊戲就稱為「學問」。我們必須將學問與學習的樂趣傳達給孩子。孔子在《論語》的開頭也說：「學而時習之，不亦說乎？」意思是學習的目的不在於權力或智慧，而是這種令人悸動的快樂、喜悅。

自律帶來幸福

要讓孩子自發投入學習的喜悅中，必須先培養孩子的自律性。唯有建立在自律性之上的衝突控制能力，才能成為復原力的基礎，讓孩子帶著健康的心態度過一生。這是愛德華．迪西（Edward Deci）與理查．萊恩（Richard Ryan）數十年來研究自我決定性的結論[18]。

迪西與萊恩教授透過自我決定論（Self-Determination Theory）提出如下主張：培養孩子的自律性，對孩子的幸福與學業成就有著決定性的影響。根據迪西與萊恩的自我決定論，自律性才是人類發揮能力與享受幸福的必要條件。雖然是同一件事，不過如果這件事是自己的選擇，人們會感到有趣；而在受到強迫、非做不可的壓力出現的瞬間，人們將會立刻喪失對這件事的興趣。這就像自己因為喜歡而當作興趣的事情，一旦變成賺錢的工具，人們便立刻喪失興趣一樣。

我將這種自我決定論套用在韓國國中、小學生身上，發現自我決定性能提高孩子的學業成就和校園生活滿意度，並且降低遊戲成癮的傾向[19]。不過這裡有一點必須注意，越是嚴格禁止遊戲，孩子遊戲成癮的可能性越高。尤其國小高年級的學童，導致他們遊戲成癮的最大原因，正是阻止他們玩遊戲、嚴厲斥責他們的家長。父母的高壓禁止，反倒讓遊戲變得更吸引人，也讓偷偷玩遊戲的行為變得更令人興奮，最後造成孩子遊戲成癮。明明討厭讀書，媽媽卻逼自己讀書；明明想玩遊戲，媽媽卻嚴格禁止，於是孩子開始逃避讀書這樣的痛苦，轉而高度依賴遊戲，將遊戲當作反抗母親的手段。

我們必須培養孩子的自律性，使他們澈底明白自己才是自己人生的主角。千萬不可以強迫孩子讀書，那些為了不被爸爸責罵，或是為了討好媽媽才讀書的孩子，終究是不幸的孩子。因為他們無法從自己該做的事情（讀書）、自己當下的生活（上學）中，發現任何意義與快樂。我們必須引導孩子自己制定計畫，自己尋找生命的喜悅，教導孩子成為自我生命的主人，並且領悟生存之道；我們必須告訴孩子如何享受、品味每一個步伐，從中感受幸福，並且一步步邁開自己選擇的步伐；並且我們必須讓孩子體會學習與學問的樂趣，讓他們感受世界的美好、神秘與深刻的意義。

唯有領悟學習的喜悅，孩子才能作為一個獨立個體幸福地長大。「去讀書，別只顧著玩」，是一句破壞孩子的錯誤教育；「沒有痛苦，沒有收穫」，也是錯誤的想法。反倒是毫無痛苦地享受當下、享受這個瞬間、享受今天，過著幸福的生活，才能獲得更多的成就（Less Pain, More Gain）。幸福的孩子身心健康，學習表現良好，而憂鬱不幸的孩子學習成就注定低落。如果只把現在看做是對未來的投資，必將永遠過得不幸。

苦盡甘來的思維

然而我們的現實情況又是如何？就以高中教室牆上掛著的標語為例吧，可以發現千篇一律都是「要成功，先吃苦」這種充滿刻板印象的內容。「苦盡甘來」或是「一分耕耘，一分收穫」等警語，都還算是保守的，其他還有「你想讀書，還是想被揍？」無疑是警告孩子不讀書就等著挨打。利用孩子們想逃避懲罰的心理（對負面因素的逃避動機）來強迫他們讀書，是最糟糕的激勵動機。讀書因此淪為逃避棍子的手段。在這種警語下，學生已經無暇去想學習本身的樂趣或喜悅。

除此之外，還有這樣的警語：「你想上大學聯誼，還是去工廠縫衣？」當然，如果只是開玩笑說的話，那還不打緊。問題是這句玩笑話裡，隱含著非常危險的思維方式。這句玩笑話隱隱強調著一個事實——讀書的目的是為了獲得特定的外在補償（例如上大學的開心聯誼）。在這個警語前，孩子根本看不見學習本身的樂趣（內在補償）。學習淪為只為了獲得「上大學聯誼」的快樂補償，所付出的一種代價。這正是為了未來的歡樂而忍受當前的痛苦。

於是這些可憐的學生們在整個青春期，都為了考上大學以後的幸福而忍受痛苦。儘管他們上了大學後，嘗到了一絲幸福與安心，然而這種幸福感源於痛苦的短暫消失，只是消極意義的幸福感。就像被施以水刑的人，將頭暫時伸出水面上一樣。這並非積極意義的幸福。

升上大學的孩子，再度為了進入人人稱羨的職場而展開激烈的競爭。為了累積所謂的「履歷」，大學生無不熱衷於各種證照考試和外語考試的學習，為學分安排傷透腦筋。無論是公務員考試還是求職考試，大學生都為了就業後的幸福而將自己的青春與大學生活丟入痛苦之中。幸福的人生再次延期。

開始上班後，競爭再度開始。這次是升遷。為了比別人更早一步爬上去，他們累積了必備的外語能力和各種經歷；為了在人事考核得到更好的分數，再次推延了生命的喜悅。成功至上主義者為了未來幸福的那天，選擇活在滿是痛苦的今日，並且就此老去。他們的生命受到「苦盡甘來」的思維所控制，卻等不到最後甜蜜的果實，只有一輩子苦澀的人生。

多數人正活在這樣的人生中。尤其是從小在競爭的教育環境下建立世界觀的韓國人，更把人生視為一場田徑比賽。然而我們的人生並不像百米賽跑一樣，有一條固定的終點線。如果非要用跑步來比喻的話，那麼可以跑向四面八方的才是人生。人生絕不是所有人朝著唯一的目標奔跑，以誰最快到達目標來決定勝利與失敗。可以有人不跑步，只是靜靜觀賞田徑場邊綻放的花朵，也可以有人朝反方向慢慢散步。如此生活方式不同的人越多，社會越健全。

在韓國，無論是學校或職場，激勵動機的方式都過度偏重可見的補償。「會讀書給獎勵，不讀書就受罰。」這種觀念在韓國根深蒂固。人們根本不敢想像學習應該是有趣而為之的事情。在職場上也是如此，充斥著「胡蘿蔔與棍子」的外在補償。工作不是自己喜歡才做，而是為了餬口才不得已去做的痛苦選擇。所謂學業和工作，就是為了成績或月薪的外在補償而咬牙忍耐的痛苦。在這樣的人生中，人們容易將痛苦的暫時消失誤以為是幸福。於是不工作或不學習，便和休息、幸福畫上等號。

正因為如此，許多被醫生宣判死期的人，才會說自己終於過上幸福的生活。為了未來而忍耐的人，都認為當下的生活不是自己真正渴望的生活，認為當下只是勉強苦撐而已。然而當他們某天忽然罹患絕症，被宣判死期的瞬間，一切變得不同了。他們不再為了未來而過著有所保留的生活，並且立刻投入自己最想做的事情、自己認為真正有意義的事情。換言之，他們開始在當下這一刻，活出自己「渴望」的生活，而這一瞬間令他們感到無比的幸福。

多虧了絕症，他們反倒過上真正的生活。對於忽然過上自己不曾想過的渴望生活，他們心中滿懷感激。

「要是沒有被宣判死期，我肯定繼續過著這樣的生活到死。」

「要是沒有被宣判死期，我一定沒辦法享受人生真正的幸福和喜悅。」

我每學期都會教到各個年齡層的學生，從即將二十歲到六十歲都有，分布在大學一年級的通識課、三四年級的高年級課程、研究所課程、在職專班的新聞媒體從業人員（大多為三十到四十歲），以及企業主管課程的修課生（大多為四十到六十歲）。從所有年齡層的學生中，都能發現這種「為未來犧牲現在」的思維。無論是二十多歲的大學生、三四十歲的上班族，還是五六十歲的企業主管，不管年紀大小，我幾乎看不見盡情享受每一天的人。無論男女老少，都在為了未來犧牲當下，將自己投入無窮的競爭之中。

讓我們來看一份近年發表的各國比較報告。根據全球企管顧問公司韜睿惠悅提出的《二〇一〇年全球人力資源報告》，對自身業務不太投入或不得不上班的韓國上班族，比率占全體一半以上的四十八％，高出所有調查國家平均值的三十八％。不僅如此，在「員工對公司自發忠誠度」（意指願意為自己所屬企業的成功，投入多少額外時間、腦力與精力）中，韓國上班族甚至遠遠低於平均值的二十一％，只有六％，可謂敬陪末座。

這項調查揭示的意義相當明確：韓國上班族也像學生一樣，對自己所做的事情毫無興趣。工作無法帶給他們喜悅，而是痛苦，所以他們只能勉強自己工作。韜睿惠悅的這項報告，從二〇〇九年十一月至二〇一〇年一月為止，對美國、英國、中國、日本等全球二十二個國家兩萬多人進行調查，其中也包含韓國一千多位受試者。專家們認為，這樣的結果代表國內企業領導能力的危機，然而事實上，這個結果反映的是韓國整體強調外在補償的文化。相較於其他國家的學生，韓國學生已經習慣將學習視為痛苦，無法從學習中感受到興趣。這批學生在進入職場後，同樣無法從自己的工作中獲得樂趣，只是勉強工作而已。

成功就必得先痛苦嗎

哈佛大學史上最受歡迎的正向心理學課程教授塔爾．班夏哈，曾將這種為了未來甜蜜的補償而忍受當前痛苦的生命態度，比喻為「素食主義者的難吃食物」[20]。意思是難以下嚥，卻因為有益未來身體健康而勉強食用的食物。那些將人生看作是一場賽跑，奮力跑向成功這個唯一目標的成功至上主義者，就像是只吃難吃蔬菜的不幸之人。

與之相反的是垃圾食物。這些食物又油又甜，吃下去的瞬間無比美味，但是對身體有害，長久來看並非健康的食物。快樂主義者只追求眼前的快樂，不對未來付出任何努力或準備，所以可以稱為享用垃圾食物的人。信奉苦盡甘來哲學的人眼中，只看得見素食和垃圾食物兩種。他們的思考方式，就是「難吃才有益身體，好吃有害健康」。

難道沒有當下吃得開心，未來也有益健康的食物嗎？這是塔爾．班夏哈所說的最理想、最棒的食物。人生過得像吃這種食物的人，是真正幸福的人。換言之，那是當下過得幸福，並且當下的幸福也保障了未來更大的幸福與成就的生活。這種理想的食物不僅美味（甚至比垃圾食物好吃），能立刻使我們感到幸福，也有益我們身體的健康（效果甚至比素食好）。

這些人當下過得幸福，同時也為未來的成就與成功做足了準備。他們並不相信成功之後一定會過得幸福，而是認為過得幸福才會成功。

根據塔爾・班夏哈的主張，將工作視為必須壓抑的折磨或痛苦的人，反倒無法達到卓越的成就。綜觀人類歷史，那些創造偉大成就的人，都是懂得從自己的工作中尋找巨大樂趣與使命感、意義的人。為了獲得更優渥的年薪或晉升到更高的職位，只好「勉強」從事目前工作的人，從未有過創造偉大成就的先例。

以登山而言，只以登頂為目標的人，在爬上山頂前，每一步都痛苦。他們認為每一個步伐都是不得不忍耐的折磨，儘管我們的人生，就是這一個個步伐、一個個瞬間、一天天所匯集而成的。換言之，整個人生無異於一個巨大的痛苦。

然而，我們的人生不是只有遙遠的未來。每一天、每一個瞬間的集合，正是我們的一生。登頂只是「目標」，最重要的是享受我所踏出的每一個步伐，懂得享受過程，必能輕輕鬆鬆爬上山頂。這是米哈里・契克森米哈伊（Mihaly Csikszentmihalyi）所說的「心流」（flow）或是「最優體驗」[21]。因此，幸福與其說是「成功的結果」，不如說是「通往成功的道路」。不是成功的人才過得幸福，而是過得幸福的人才成功。也就是說，不是復原強者才過得幸福，而是必須先過得幸福，才能提高復原力。

原因分析能力——

精準掌握問題的原因

ABC決定你如何講故事

原因分析能力是指正面看待我所遭遇的問題，並且對原因做出準確的判斷，藉此順利解決該問題的能力。無論是過度悲觀地接受負面事件，最後深陷挫折，還是過度樂觀地看待負面事件，最後無力應付，這兩類人都缺乏原因分析能力。原因分析能力是能正面且客觀看待自己遭遇的事件，並且正確建構前因後果的能力（自我調節能力與情緒控制能力主要是情緒的問題，這與大腦的邊緣系統有關；反之，原因分析能力主要是理性的問題，這與大腦皮質，尤其是前額葉有較大關聯）。

當我們感受到憤怒或挫折等負面情緒時，我們總認為是某個事件或某人引起自己的負面情緒。其實這是錯覺。無論身旁的人說什麼、我的人生中發生什麼事、和誰產生什麼樣的衝突，這些事件本身都不存在任何實質上的意義。這些事情要成為「難過的事」、「悲傷的事」、「生氣的事」、「煩人的事」，必須先經過我的解讀。換言之，我們的憤怒或厭煩不是由外在的事件或某人主動造成的，而是我自己引起的。我們必須明白一點，那就是憤怒或挫折的根源完全在我自己。

想像一下這樣的場景。我們正坐在一艘小船上，在平靜的湖泊上靜靜地釣魚。和煦的春風徐徐吹來，天氣晴朗，四周一派祥和，一切是那麼完美。這時，另一隻小船忽然碰地一聲撞上船尾，整艘船劇烈搖晃，平靜和幸福瞬間被破壞，化作了不滿和憤怒。我們一方面覺得受到對方的輕視，一方面感到滿腹委屈，覺得靜靜享受獨處的權利被對方破壞。

在這種情況下，生氣是理所當然的。現在我們已經皺起眉頭，準備好扭過頭去瞪向身後，想要將內心正當的憤怒發洩在不小心撞來的船主身上了。但是怎麼會這樣？船上一個人都沒有。原來那艘船只是隨著水波擺盪，最後撞到我的小船。這一瞬間，憤怒有如輕煙般消失無蹤。為什麼？明明那艘船撞上我船尾的事實並沒有改變呀。

這個故事明確告訴我們，憤怒或挫折並非由外在事件所引起。我們當下對這個事件的解讀，才是憤怒的原因。在某艘船撞來的瞬間，我們心中出現這樣的故事：

「某個人不小心或是故意撞了我的船，侵犯了我享受獨處時間的權利。也就是說，對方沒有把我放在眼裡。這是傷害我自尊心的行為。竟敢在太歲頭上動土！這個人確確實實犯了大錯，所以他要為此付出代價。」

但是轉頭一看，原來是一艘空船，一個人也沒有。要怪的話，大概只能怪徐徐吹來的春風。自己笑得一臉尷尬的瞬間，憤怒也隨之消失。因為和自己想像的故事完全不是那麼一回事。換言之，憤怒是我們在心中講述故事的結果，不是單純因為「別的船撞到我的船」而自動引發。

被稱為正向心理學之父的馬汀・塞利格曼（Martin Seligman），將這個過程稱為事件（accident）——信念（belief）——結果（consequences）的「ＡＢＣ聯結」。我們經常以為某個事件（Ａ）會立刻造成特定的結果（Ｃ），也就是引發我們的情緒或行為。然而在這兩者之間，必然存在著一個信念（Ｂ）的聯繫。換句話說，發生在我們生命中的各種事件，本身並不會帶來任何結果。如果要帶來特定結果，必須透過我們的信念體系予以解釋與媒介。塞利格曼所說的這套信念體系，正是講述故事的方式[22]。

將塞利格曼的主張套用到剛才的情景吧。在船隻追撞事件引起我們憤怒的過程中，這樣的信念發揮了媒介的功能——「那艘船一定有人駕駛，那個人一定是沒注意到我，或是沒把我放在眼裡」。塞利格曼強調，我們必須檢討自己對各種事件的反應方式，尤其要注意內在的信念體系或講述故事的方式。

對於不幸的事件或逆境，我們如何給予解釋，如何透過講述故事賦予意義，將會決定我們變得不幸或是變得幸福。憤怒使人軟弱，而生氣是弱點的展現。憤怒與厭煩是復原力最大的敵人。強大的人不生氣，生氣的人等於承認了自己的挫折感與無力感。憤怒從來無法解決我們在人生中遭遇的各種逆境。「假裝生氣」或許有時能帶來幫助，然而真正的「生氣」經常只會讓問題變得更棘手。憤怒將一切摧毀，甚至是當事人自己的身體與內心。生氣時，心臟的跳動最不規律。根據統計，經常生氣的人確實更容易罹患心臟病。

人類的心跳數隨時在改變，醫界稱之為「心率變異度」。心率變異度低的人，心跳數會在數秒內不規則加快或變慢，而心率變異度高的人，心跳數則會以十秒左右為一周期，規律地緩緩加快或變慢。這種心率變異度與心臟健康有直接關係。罹患各種心臟疾病風險高的人，心率變異度也較低。心率變異度與情緒的關聯性早已被證實，即便是健康的人，只要生氣或受到壓力，心率變異度也會立刻降低。

面對發生在我們生命中的各種事件，要以什麼樣的方式講述故事，取決於當事人的信念體系。這個信念體系是一個最根本的心理習慣，決定我們將如何講述故事。為了過上健康幸福的生活，同時也為了維持強大的復原力，我們必須養成正面講述故事的習慣。為此，我們應當提高之後要說明的正面性，活化正面訊息處理迴路。換言之，就是養成面對自己遭遇的各種事件，能自動以正面的態度講述故事的習慣。以下將先就「講述故事」稍加說明。

人類是活在故事中的動物

記憶基本分為短期記憶與長期記憶兩種。短期記憶是打電話時暫時記住號碼，隨後立刻忘記的記憶。換言之，短期記憶是暫時儲存在大腦而沒有歸入長期記憶中，轉眼立刻消失的記憶。至於儲存在短期記憶裡的訊息中，一部分被賦予了脈絡化的意義，從而進入長期記憶中。目前已知在這個過程中，海馬迴發揮了重要的功能。儲存於長期記憶裡的過往訊息或經驗的片段，可以有意識地提取出來。長期記憶又分為兩類，分別是語意記憶與情節記憶。

「語意記憶」是與單字的意義、人名或工具的名稱等事實相關的記憶，而「情節記憶」則是與記錄人類一生軌跡的各種經驗與事件有關的記憶。情節記憶和語意記憶最關鍵的差別，在於情節記憶是一種關係的結構，仰賴時間與場所的存在，而語意記憶並非如此[23]。我們常說透過學習獲得「知識」，這種知識正是語意記憶；而記住生活中經歷的各種經驗，正是情節記憶。情節記憶才是決定一個人之所以是誰的主體性記憶，它由講述故事所建構。而所謂的講述故事，是人們將生命中遭遇的許多獨立語意記憶，以一定的概念組織起來，並且賦予意義的行為。這既是講述故事，同時也是創造故事、記憶故事、經歷故事，因而成為生命本身。

故事可以分為兩類，一類是事件相關故事（story-about），另一類是生活的故事或經歷過的故事（story-lived）。事件相關故事是指對某個事件或事實的說明或描述，而有關生命經驗的則是生活故事。也就是說，我們都活在自己的故事中，我們的經驗或生命、企圖，本質上都是故事。

亞里斯多德將人類定義為「講述故事的動物（storytelling animals）」。這句話是說區別動物和人類最大的標準，在於「講述故事的能力」。人類透過故事來理解、經驗生命本身。更正確來說，生命本身就是故事。「生命就是故事」的意思，是「記憶＋經驗＋實體」都是一種故事。

故事裡通常有主角，有開頭、過程和結局。各種交流都是講述故事，講述故事可以是格局小的，也可以是格局較大的。而在我們經歷的故事當中，主角當然是我和我所遇見的人們。這些故事有開頭、過程和結局，也都有起承轉合。甚至短短一句話裡乘載的故事，都可以說是擷取我生命片段製作而成的短篇電影。

假設你在午餐時間結束後，說了一句：「今天我中午和朋友見面，吃完冷麵後道別。」相信這句話裡乘載著以下的實際經驗：你正在公司上班，看了一眼時鐘，發現快到午餐時間了。你拿起電話，打了電話，和朋友確認午餐的約定，決定在公司附近的冷麵店見面。接著你推開椅子起身，披上衣服，關上電腦，左轉走五十五步到電梯口，按下按鈕，用眼神向周遭的人打過招呼後，電梯門打開，走進電梯。轉過身，電梯向下。再走五百三十步，進入冷麵店，和朋友打招呼。拉開嗓子點餐：「這裡要四碗冷麵！」咀嚼吞嚥二十四次，舉起筷子四十六次，水喝了兩杯等等。許多數也數不清的瑣碎行為連續發生。

請仔細瀏覽一遍這些具體的行為，沒有任何一個特定行為可以稱為「和朋友吃冷麵」。那只是各種瑣碎經驗的連續發生。這些瑣碎的行為在我們的生命中不停上演，隨意將其中一部分擷取下來，重新編輯，賦予「和朋友吃冷麵」的意義，這就是講述故事。

不過才幾天，你已經記不得當中任何一個具體的行為了。走了幾步到冷麵店，吃冷麵咀嚼了幾口，這些瑣碎事件已經從你的生命中永遠消失了。因為它們並未成為「故事」的一部分。你從數千、數萬個行為和經驗中選取一部分，賦予意義，藉此重新組織你的經驗，儲存於記憶中。因此所有的經驗，都可以說是記憶，也是講述故事。我們的所有經驗和記憶，都以我所講述的故事的型態存在。換言之，所謂「經驗的世界」，並非經驗的對象客觀存在，而我對這樣的經驗給予個人的解釋，經驗的世界是經由我們的選擇並賦予意義所創造出來的。根據這樣的講述故事，我們為個人的經驗賦予意義，最終完成故事。經驗由此定型為故事，在腦中留下記憶，從而構成了我們生命的一部分。所以生命就是我所創造的故事。我的主體性就在我的記憶中。「我是誰」的問題，由我如何根據自己的經驗講述故事來決定。

但是講述故事不是只在事後發生。不是在行為發生後重新回顧，才是講述故事，通常在事前計畫與構思的階段，我們已經開始講述故事了。而為了完成這樣的故事，我們做出許多行為。換言之，我們已經先在腦中寫好劇本，才依照劇本行動。不是在吃完冷麵後，才說出「我吃了冷麵」，而是事先已經想好計畫，「今天中午要和朋友見面，一起去吃冷麵」。這種計畫或構思本身，已經是一種講述故事了。也就是說，我們根據已經擬好的故事，去執行各種細部的動作。我們活在自己創造的故事中。

講述故事的三個層面

那麼，如果想要具備更高水準的原因分析能力，究竟該如何講述故事才好？我們應當先關注以下講述故事的三個層面。第一，個人性（是只發生在我身上的事情，還是可能發生在任何人身上？）；第二，永續性（經常如此，還是只有這次才這樣？）；第三，普遍性（是所有事情、所有方面都如此，還是只有那件事那樣？）。復原弱者面對自己遭遇的大大小小的不幸，經常在個人性、永續性和普遍性等方面過度解讀。

就以創業失敗來說。遭遇這種逆境時，復原弱者的反應是這樣的：「明明也有很多人成功，為什麼偏偏『我』會失敗呢？」「既然這次失敗了，那以後我繼續做這種工作也會失敗吧？為什麼我『常常』失敗呢？」「不只是這次的工作，我所做的一切都沒有好的結果，為什麼呢？為什麼我『整個』人生只有失敗呢？」

然而態度正面、幸福的復原強者，反應與上述截然不同：「這次的失敗雖然很可惜，但是任何人都會失敗。」「不是只有我會失敗，除了我以外，還有數也數不清的人遭遇失敗。」「這次工作失敗只是運氣不好，出現了我無法控制的情況，我也沒辦法。也許這次的失敗是唯一一次。」「雖然這次工作失敗，其他事情我還是做得不錯。而且就算創業失敗，也不代表我整個人生就失敗。」

復原強者與弱者講述故事的差別，不只出現在失敗經驗上。即使是成功經驗，講述故事的方式也經常天差地別。假設這兩種人都成功進入競爭激烈的一流大企業吧。態度負面的復原弱者會認為能通過招考，不是自己表現好，而是運氣好。而且這次招考只是僥倖通過，不是說一次考試通過，就代表我整個人生一帆風順。

反之，態度正面的復原強者相信這次能通過招考，是因為自己表現不錯，而且這次合格跟往常一樣，不過是自己成功人生的一小部分。未來在人生的各個方面，依然會像這次通過招考一樣無往不利。

換句話說，復原弱者面對失敗經驗時，通常擴大失敗的意義，認為自己一定會失敗、隨時會失敗、任何方面都會失敗；面對成功經驗時，則縮小成功的意義，認為其他人也成功、這次偶然成功、只有這次成功。復原強者則相反。面對失敗經驗時，他們縮小失敗的意義；面對成功經驗時，則更加擴大成功的意義。

你是哪一種類型的人呢？不一定要是創業失敗或求職成功如此重大的事件。面對日常生活中遭遇的大大小小逆境，你會做出何種反應？會如何講述故事？假設早上出門上班時，發現停在家門口的車子被別人劃出一道刮痕。復原弱者會立刻這樣講述故事：「為什麼只有我的車子會發生這種事？把車停在這裡是我的錯！為什麼我常常遇到這種事？我是這麼衰的人嗎？」

如果你講述故事的方式與上述相同，最好盡快努力改善，養成以下正面講述故事的習慣：「停在停車場裡的車子經常會發生這種事，錯不在我，而是刮了我的車子卻一走了之的車主。今天竟然會發生這麼倒楣的事！不過雖然倒楣，至少消災解厄了，今天肯定無往不利！」

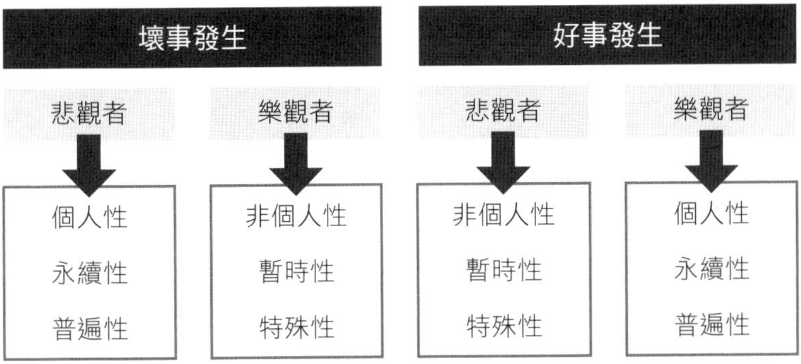

原因分析能力的基礎，在於正面講述故事的能力。面對人生中最近一次發生的負面事件，你是如何看待，如何反應的？不妨從這三種層面仔細思考吧。請務必培養以「非個人性、暫時性、特殊性」來看待負面事件的習慣。當然，好事發生的時候，也要以「個人性、永續性、普遍性」來看待。養成這種以正面態度接納世上一切事物的習慣後，你的復原力將會有驚人的成長。

你如何講述故事

請參考以下列出的狀況，檢視你平時講述故事的方式。如果無論發生好事或壞事，都傾向以左邊的方式來分析，代表你的復原力將難以提高。請務必養成以右邊講述故事的方式來分析原因的習慣。

【壞事發生時】

狀況一：全力投入的企劃最後失敗

1. 為什麼只有我失敗？（**個人性**）↔不是只有我會失敗，而是人人都可能失敗。（**非個人性**）
2. 為什麼我經常失敗（**永續性**）↔這次只是運氣不好才失敗。（**暫時性**）
3. 為什麼我做的每件事情都是這種下場？（**普遍性**）↔我只有這次企劃失敗而已，其他事情還是做得不錯。（**特殊性**）

狀況二：別人把我停好的車刮花，一走了之

1. 為什麼只有我會遇到這麼倒楣的事？把車停在這裡是我的錯！（**個人性**）↔刮花我的車還跑掉，真是沒良心的東西！這種事誰都難免會遇到。（**非個人性**）
2. 為什麼我常會遇到這麼倒楣的事？（**永續性**）↔今天運氣真差啊！（**暫時性**）
3. 為什麼我每件事都這麼倒楣？（**普遍性**）↔我停車的運氣真差。（**特殊性**）

【好事發生時】

狀況一：收到心儀的公司發來合格通知

1. 竟然會選上我這樣的人，大概是阿貓阿狗都可以上吧！（**非個人性**）↔竟然選了我，果然努力是有代價的。（**個人性**）
2. 就是考運好，這次才碰巧通過的。（**暫時性**）↔只要是我想做的事情，一定都會實現。（**永續性**）
3. 雖然成功進了公司，但是我人生的其他方面依然一團糟。（**特殊性**）↔我人生的所有方面都進展順利，包括這次通過招考也是。（**普遍性**）

狀況二：考試拿到比預期還高的分數

1. 竟然會給我這麼高的分數，看來給分很甜。其他人一定也拿到高分！（**非個人性**）↔果然我努力準備還是可以的！（**個人性**）
2. 這次考試碰巧運氣好！（**暫時性**）↔果然我考運一直都不錯。（**永續性**）
3. 這次考試僥倖考得不錯，但是其他考試一定會搞砸。（**特殊性**）↔我其他考試也會考得不錯的。（**普遍性**）

PART 4

與人建立良好互動

復原強者對自身的錯誤抱持正面態度。

他們的大腦已經習慣當機立斷、直面挑戰，因此樂於追求創新。

這種對自己的失誤相當敏銳，卻不害怕犯錯，正是高復原力的特徵。

人際關係能力

獨樂樂不如眾樂樂的人生

內心需要倚靠的時候

復原強者大多具有傑出的社交能力。當逆境與危機來臨時，復原強者總會得到旁人許多幫助，這無法只用「運氣好」來解釋。更合理的解釋是：因為他們平時維持良好的人際關係，所以確保了在困難的時候願意幫助自己的人。

人際關係能力與霍華德所說的「人際智能」（interpersonal intelligence）或丹尼爾・高曼的「社會智能」（social intelligence）有關，其核心在於快速掌握他人的內心與情感狀態，並且深入理解、同理，藉此建立良好的人際關係。具備這種能力的人，懂得設身處地為他人著想，使他人感到自在、幸福。此外，人際智能較高的人能發揮強大的領導能力，這是因為人類本能會去追隨能讓自己幸福的人。能否發揮良好領導能力，其實也關乎能否帶給他人幸福的能力。

根據心理學家阿瑟・亞倫（Arthur Aron）[1]的自我擴張理論，正面情緒能強化將心比心的思維，有助於人際關係的形成。換言之，正面情緒是建立並維繫良好人際關係的原動力。

要說人際關係是人一生的全部，倒也不為過，因為生命本身就是一連串的邂逅與分離。建立良好人際關係的人，自然能過上健康、堅強的人生。高水準的人際關係能力，就是復原力最堅實的基礎。越是擅長與人來往，維繫良好人際關係的人，越有能力抵抗危機。已經有許多研究結果證實，交友廣闊的人更健康，更少上醫院，罹患心臟病的機率越低，免疫力也越強。

人類無法憑一己之力變強。孤單寂寞的人容易變得軟弱。越能與他人建立深厚的情誼，獲得情感上溫暖支持的人，內心越堅強。能夠戰勝困難、克服逆境的人身後，必定有個隨時給予關愛和信賴的強力靠山。如果有人遭遇困境，身旁的親友卻一個個見死不救，這個人將難以東山再起；反之，在面臨逆境與苦難時，仍有支持者願意守護在這個人身旁，給予堅定的依靠，那麼這個人必將擁有復原力。

前面曾介紹艾美・維納的考艾島研究，該研究結論也指出，具備復原力的孩子最大的共通點，在於無論發生什麼事，至少會有一位以上的成人站在自己這邊。在關愛中長大的孩子，未來將具備與他人團結和諧，互相分享愛的能力，而正是這樣的能力，成就了復原力的原動力。

正如佛洛姆（Erich Fromm）在《愛的藝術》（*The Art of Loving*）中屢次強調的，「愛的能力」是我們務必學習、培養的能力。也正如塞利格曼在其著作《真實的快樂》（*Authentic Happiness*）中所強調的，「被愛的能力」也是幸福與正面情緒所必須的能力[2]。由此可見，愛與被愛的能力正是人際關係能力的核心，唯有培養這樣的能力，才能將社會聯結內化，從而具備強大的復原力。那麼，我們該如何培養人際關係能力呢？答案是提高人際關係能力的三點要素，也就是溝通能力、同理能力與自我擴張能力。以下將依序介紹這些能力。

溝通能力

引起對方好感的對話技巧

溝通是強大的技術

我們所建立的人際關係，可以說是幫助我們克服各種不幸的最大資產。然而人與人之間建立的所有關係，基本上都是藉由對話，也就是「溝通」所形成與維繫。因此，溝通能力正是建立真誠的人際關係，並且長久維繫的能力。

不過人際關係有時是雙面刃。良好的人際關係是幸福的根源，也是正面情緒的源泉，更是強大的復原力的基礎，然而緊張的人際關係無異於不幸，也是負面情緒的源泉，更會消耗復原力，將一個人帶入毀滅之中。至於極端不幸的人際關係，更是自殺、憂鬱症與犯罪的原因。

溝通能力的重要性不僅止於此。社會上的一切價值皆源於人際關係，名譽、權力、金錢都來自人際關係，並且藉由溝通能力獲得。獨自一人在無人島上，就算有個拳頭大的杏仁，也沒有任何意義；即使在深山裡挖到野蔘，也得拿到市場上賣才能換錢。當然，如果想要賣個好價錢，必須用讓人信服的話術推銷，說服顧客購買。沒有溝通能力，就不可能辦到。

無論是經商抑或從政，都必須擁有良好的溝通能力，才能獲得自己想要的一切。在社會上功成名就的人，或是享有名聲與權力的人，都具有說服他人的絕佳能力。自我經營、人際關係管理、教練與導師、領導能力提升等類型的個人成長書籍，其核心內容也都與溝通能力有關。儘管溝通能力的重要性在社會上日益受到重視，至今正規教育仍沒有教導學生溝通能力。相信現在正在閱讀本書的讀者，應該不曾有系統地受過關於溝通能力提升的教育或訓練。

溝通是一項技術。任何一項技術的習得，包含各類型運動、美術活動、彈奏樂器等，都需要按照一定的規則給予系統化的教育與練習。溝通能力也是如此，只要經過一些系統化的訓練與練習，立刻就能看見效果。然而過去接受相關教育的機會較少，一般人難免覺得困難。尤其是韓國，正規教育課程中幾乎不包含溝通能力的培養。這是其他先進國家與韓國教育課程最大的差別。

那麼，究竟什麼樣的人是溝通能力絕佳的人？說到溝通能力，我們經常想到的是口若懸河、妙語如珠的人，或是幽默風趣，常逗得人們開懷大笑的人。不過這種能力主要與語言智能有關，和溝通能力只有極少部分相關，也不是溝通能力的基本要素。

溝通能力是建立人際關係與說服的能力。這種能力突出的人，最大的特徵是人際關係圓融，給周遭的人留下良好印象，也得到他人不錯的評價。溝通能力良好的人，就是稟性良善，讓人想多和他待在一起，又充滿魅力，讓人想和他共事的那種人。即使不善言辭，依然能讓人產生好感的人，也是溝通能力良好的人。因為在溝通能力當中，包含了將心比心與體諒對方的能力、情緒智能、社會智能。話說得滔滔不絕，卻一點也不想和他親近的人，反倒是溝通能力低落的人。

溝通有兩個層面

想要提高溝通能力，必須先了解溝通的兩個層面。各種溝通都存在兩個層面，一個是內容（訊息）的層面，另一個是關係建立與維繫的層面。任何溝通都有訊息傳達的功能，同時也有為溝通雙方的關係帶來影響的功能。語言學家葛瑞利・貝特森（Gregory Bateson）則以「報告式談話」和「關係式談話」來區分。

無論是長篇演說、簡短招呼，還是業務會議上的正式發表、朋友之間的談笑，從各種類型的發言中，我們都能同時發現上述溝通的兩個層面。這些發言都傳達了一些訊息，同時也獨立存在與發言內容無關，只訴諸於關係的提及（有時是親密關係，有時則沒有太大關係）。

例如朋友詢問：「我們明天要不要去看電影？」在內容的層面上，傳達了「要不要看電影」的試探性詢問，而在關係的層面上，則提及了「我和你要好到可以一起去看電影」的關係。如果和這位朋友認識沒多久，還沒有一起去看過電影，那麼「要不要去看電影？」這句話，除了有「邀約看電影」的試探性詢問外，也可能包含了「我想和你成為一起去看電影的關係」，希望雙方關係更進一步發展。

又例如教授對助教說：「把這篇論文印好拿來。」在內容的層面上，這句話傳達了「印好拿來」的訊息，同時從關係的層面來看，這句話也隱含了對關係的提及：「我是老師，你是助教；我是上司，你是下屬」。

溝通能力的關鍵，在於了解溝通的兩個層面，並且妥善協調兩者。在人際關係中，大多數的衝突源於沒有妥善協調溝通的兩個層面。人際關係上出現衝突時，人們經常會說：「你怎麼可以那樣對我？」、「（憑我們兩人的交情）你怎麼可以說那種話？」與其說這是訊息層面、內容本身的問題，不如說是建立在話語之上的人際關係的問題。

一位學弟不久前大齡結婚。婚後他幾乎每天早早下班，把享用妻子準備的晚餐看作是天大的幸福。某天，他因為工作疲勞過度，肚子餓得受不了。回到家，看見妻子正準備晚餐，立刻對妻子說：「我肚子餓了，快拿飯給我吃。」不料妻子勃然大怒，將餐桌上的碗筷全部掃落。丈夫還以為妻子大概是白天遇到不愉快的事，把憤怒發洩在辛苦工作一天回到家的自己身上。結果演變成他們夫妻第一次的吵架。

學弟不過是向妻子傳達「給我吃飯」的訊息，然而女性對於溝通中的關係層面尤其敏感。妻子煮好飯等丈夫回家，沒想到丈夫第一句話不是先提及兩人的關係：「老婆我愛你，家裡都還好吧？」而是「肚子餓了，給我飯吃。」聽到這句話的瞬間，妻子立刻一陣反感，「我是你煮飯的傭人嗎？這裡是餐廳嗎？」同樣一句「肚子餓了，給我飯吃」的訊息，丈夫只想到內容層面，而妻子更在意關係層面。

人際關係的衝突大多源於這兩種層面的不協調。不只是夫妻間的溝通，在部下與上司、朋友與朋友之間，也都有可能發生這種問題。即使是同一句話，什麼時候說、用什麼方式說、怎麼說，都會影響雙方對關係的感受。在訊息的關係層面上，男性的感受尤其較女性遲鈍許多。由於男性只在意訊息的內容，導致疏忽了訊息中的關係，有時也因此造成人際關係上的衝突。為了盡可能減少衝突，除了自己話中的內容或訊息外，我們也必須經常思考這些話在與對方的人際關係中可能具有什麼含意。

不只是夫妻間的關係，即使是和陌生人建立關係前的「搭話」，也要特別了解溝通的兩種層面。想像一下向心儀的異性搭訕的情況。這時經常使用的搭訕招數，傳播學者稱之為「行為腳本」，意思是已經使用過、存在已久的腳本行為。

「請問有空的話，要不要和我喝杯茶？」

如果有人使用過這種陳腔濫調的搭訕，大概會知道用這種方式展開交談的成功機率非常低。在一開始建立關係的階段，這種開場是非常沒有效果的溝通。為什麼？因為訊息層面（「一起聊天吧！」）和對關係的提及（「我們彼此是陌生的關係」）互相衝突。換言之，這種開場一方面提及我們彼此是陌生人的關係，同時卻又提議一起去喝杯茶。對關係的提及和訊息之間沒有連貫性。收到這種邀請的對方，即便心裡有些意思，也說不出「好啊，一起去喝杯茶吧」的回應，無法欣然答應對方。

那麼，有效的搭訕開場究竟是什麼樣的？首先，得思考該如何提及關係。如果想要一起喝杯茶的對象是潛在客戶，那麼必須先讓對方產生信任感，確認雙方的社會聯結。換言之，必須先試著證明雙方是值得信賴的關係。不過如果目的是希望和對方更加親密（搭訕的目的大多是以建立親密關係為目標），最好以親密關係中會使用的話來開展。也就是說，別直接擺出「我們互不相識」的事實，而是像朋友間的對話，問對方：「你今天午餐吃什麼？」如果對話繼續下去，「我吃了炸醬麵？」、「是嗎？我吃了炒麵。」就算成功了。一旦開始了朋友之間才會有的對話，我們的大腦自然而然會對交談的對象產生親密感。還有一個更好的方法，那就是用彼此都擁有的經驗來開啟話題。生活在資訊發達的時代，即使是第一次見到的人，彼此也會有許多共同的話題，例如新聞、電影、連續劇、音樂、體育等等。

溝通（communication）一詞源於拉丁文的「communicare」，意思是分享、交流。Communicare的名詞型為「communis」，指的是「共同分享」或「一起交流的人」。這個字源又衍生出「全體」（community）或「團體」（commune）的單詞，意思是「一起交流的人的聚會」，另外，表示「共同分享財產」的共產主義（communism）、表示「許多人共有的想法」的常識（common sense），都是從同一個字源衍生而來。在基督教中，一起享用象徵耶穌身體的麵包和象徵血液的葡萄酒的聖餐禮（communion），也是來自同一個字源。

如上所見，溝通原本的意義並非向對方傳達訊息，而是與對方分享某些經驗。分享共同的經驗，就是溝通，而這些互相分享的經驗，建構了我們的同理心——我現在經歷的事件，對方應該也有同樣的經驗。最經典的例子是分享食物。「我現在所品嚐的食物味道，對方也要一起品嚐才對」，這種信念即是溝通的原型。

在大眾媒體出現之前，與天氣相關的內容經常是初次見面的人選擇的話題，例如「今天天氣很好吧？」、「最近天氣變涼了。」因為在初次見面的對方和我兩人各自擁有的經驗中，沒有比天氣更直接攸關彼此的經驗了。然而近來大眾媒體的內容，逐漸取代天氣發揮更重要的影響力。例如「昨天有看那部連續劇嗎？主角怎麼了？」、「有看到那則新聞嗎？」、「昨天有看棒球轉播嗎？」這些都是初次見面的人可以立刻討論共同經驗的話題。過去大家閨秀會在心儀的男性面前弄掉手帕，也是為了刻意製造「手帕掉落」的共同經驗。在男性撿起手帕後，大家閨秀就能一邊表示感謝，一邊自然而然開啟對話。

在電車上問初次見面的人：「您要去哪裡？」或是告訴對方：「你是我的理想型。」絕對不會是成功的溝通。因為其中沒有「共同的經驗」。如果稱讚對方「你的臉蛋真漂亮」，那還得拿出鏡子，比較鏡子裡自己的臉和對方的臉，試著找出共同的經驗才行。相較於此，不妨趁電車經過漢江大橋時，對同樣站著搭車的對方說：「從這樣看漢江，覺得首爾真是美麗的城市！」用雙方此時共同的經驗來搭訕，會是更自然的交談方式。

克服溝通恐懼

溝通正是向他人展現自我的自我呈現（self-presentation），而自我呈現必定在他人心中留下一定的印象。因此，所謂溝通能力的提升，意思就是「透過自我呈現在他人心中留下完美印象的能力」的提升。傳播學者對此發展出形象管理、尋求好感、獲取順從等相關理論與策略。可以說這些都是針對如何最大程度提升自我呈現效果，所提出的各種解答。

阻礙溝通能力最大的敵人，正是溝通焦慮。站在眾人面前，任何人都會感到尷尬、害羞、不安、緊張且不自在。有人因此張口結舌，無法完整說出想說的話，或是腦袋一片空白，忘記原本要說的話。也有人為了掩飾不安而做出誇張的肢體動作或怪異的行為，反倒使對方覺得更尷尬。在眾人面前開口說話的瞬間，緊張到忘記自己平時的模樣，就屬於廣義的溝通焦慮。無論是一般的演講或交談，還是會議、討論，在幾乎各類型的溝通情境中，溝通焦慮都是最大的敵人。

那麼，該如何排解溝通焦慮呢？我們必須先找出原因，才能看見最根本的解決之道。溝通焦慮的概念，其實是傳播學者至今研究最多的概念。根據心理學家馬克・利瑞（Mark Leary）與羅賓・科沃斯基（Robin Kowalski）的文獻回顧[3]，有多達八百五十餘篇討論溝通焦慮的原因與排除方法的論文。而根據詹姆斯．麥克羅斯基（James C. McCroskey）的整理，在傳播學領域中，以單一主題產出最多研究論文的，就是溝通焦慮相關研究——這也代表許多人正深受溝通焦慮之苦。利瑞與科沃斯基在整理至今發表的數百篇研究論文的結果後，得出溝通焦慮的出現受到兩個原因影響的結論。

第一個原因是過度的自我呈現動機（self-presentation motivation）。亦即想要在對方面前求好表現的慾望愈強，溝通焦慮越嚴重，例如在心儀公司的求職面試中，想要向面試官展現自己最好的一面，反倒加強了不安感。此外，在即將進行重要的發表時，或是站在心儀的異性面前時，心裡的不安總會越發強烈，這也是因為想要在對方面前求好表現的慾望所致。

第二個原因是缺乏自我呈現預期（self-presentation expectancies）。亦即自己能在對方面前完美表現的信心越低，溝通焦慮越嚴重，例如在心儀公司的求職面試中，心想「除了我以外，還有很多優秀的競爭者，我一定很難脫穎而出」，這種妄自菲薄的心理加強了不安感。在重要的發表或心儀的異性面前，信心越低落，不安感越強烈。

想要降低溝通焦慮，只要排除或減少這些因素即可。換言之，想要在他人面前求好表現的慾望越強，或是對完美表現的信心越低，對溝通的不安就越強烈。所以想要降低溝通焦慮，只要減少求好表現的慾望，或是培養能完美表現的信心即可。在重要的面試或發表前，覺得不安感逐漸強烈時，不妨先放下慾望，將內心清空。鼓起勇氣，將自己最真實的一面表現出來就好。越想求好表現而行為越發誇張的瞬間，溝通焦慮將大幅增加，反倒可能表現出比平時更糟糕的一面。

如果沒有特別想求好表現的慾望，也不是缺乏自信，卻對溝通感到不安，那麼肯定是對他人的目光過於敏感。其實所謂他人的目光，問題並不在於目光本身，而是自己大腦所建構出來的想像。

無論是誰，任何人都生活在「我是這個世界的中心」、「所有鎂光燈都聚焦在我身上」的錯覺中。結果就是將他人實際對自己的關注，放大了數百倍、數千倍。這種自我中心偏誤，有時在我們身上發揮了正面的力量，卻在溝通焦慮中產生了負面的影響。

在他人面前說話時，沒必要擔心「對方是不是偷偷攻擊我、嘲笑我，對我指指點點？」因為這不過是你心中創造出來的可能性而已。不妨問問自己：我在別人說話的時候，是不是時常在心裡攻擊對方、嘲笑對方？大概你也想不起來了吧。其他人也是一樣的。所有人都忙著過自己的人生，專注在自己有興趣的事物上，根本沒有心力去攻擊你。所以大可放心，在他人面前勇敢表現自己吧。對他人的目光過度敏感，無助於溝通能力的提升。

我們透過溝通所要達到的目的，是在他人心中留下好的印象。任何人都想獲得他人的愛與尊重。正如艾倫・狄波頓（Alain de Botton）在其著作《我愛身分地位》（*Status Anxiety*）中所說，我們隨時渴望著旁人的愛與尊重[4]。我們都希望周遭所有人喜歡我、羨慕我、稱讚我。因為這樣的慾望，我們努力工作，夢想著功成名就與財富。如果還能同時收穫愛與尊重，那麼無論是朋友、夫妻、情侶、親子關係，還是上司與下屬關係、往來業務關係，都能稱的上是成功的關係。

然而想要同時收穫愛與尊重，終究不是容易的事，因為愛（愛情、好感度、親密感等）與尊重（認同權威、敬畏、尊敬等）經常是彼此排斥的。例如再三向朋友強調自己的優點，或許可以讓朋友認同自己的才華，不過朋友對自己的好感度必定會下降。因為朋友心裡也許會這麼想：「對啦對啦，你最棒。」如果想要贏得他人的好感，最好盡可能減少宣揚自己的才華。「謙虛是美德」這句話，正是這麼來的。

不過謙虛並非萬靈丹。一味相信「謙虛是美德」，最後可能被他人視為無能之人。如果自己的才能沒有被看見，那麼就算贏得好感，也得不到他人的尊重。人們常說「越是成熟的稻穗，越懂得彎腰」，其實這句話必須建立在自己的才華直接（或間接）展現出來，而對方也澈底認知到這個事實的前提之上。在「有才能」的訊息沒有被傳遞出去的情況下，再怎麼謙虛都無法贏得尊重。

即便如此，赤裸裸地張揚自己的能力（儘管確實擁有才能），可能讓人覺得「他大概是缺乏信心，才會表現得自己很厲害的樣子吧」。學者將這種現象稱為「自我呈現的矛盾」，意思是過於直接向對方展示自己的能力，即便那是事實，也只會消磨對方的信賴，使對方對自己的才華產生懷疑。總而言之，想要同時贏得愛與尊重，必須找出適當的平衡點才行。

表現自我的兩個途徑

針對如何在他人面前求好表現的形象管理策略與尋求好感，傳播學者與心理學家們進行了大量的研究，最後發現主要有兩個方向：一個是某種程度拉抬自我的自我彰顯（self-enhancement），另一個是貶低自我、表現謙虛的自我貶抑（self-effacement）。自我彰顯一不小心可能變成傲慢、自我吹捧，從而失去愛與尊重，但是沒有自我彰顯，就無法展現我們的才華和優點。自我貶抑雖然表現出謙虛與謙讓，有利於贏得他人的好感，然而過度的自我貶抑，可能顯得缺乏自信或卑躬屈膝。適當調整自我彰顯與自我貶抑相當重要，而兩者之間適當的比例則由不同人際關係的實際脈絡所決定。根據各種關係脈絡找出自我彰顯與自我貶抑的適當比例，這種能力正是溝通能力的關鍵要素。

自我呈現與謙虛的效果，隨人際關係類型與溝通情況的不同而有所差異。在彼此陌生的關係下，適當表現自己的能力，有助於贏得對方的好感與尊重；反之，越是要好的朋友，越不該表現才華。關係越親密，謙虛越有助於贏得愛與尊重。然而許多人正好相反——在陌生人面前謙虛，卻在要好的朋友面前炫耀才能。

從事醫師或律師等專門職業的人，初次見到潛在客戶時，自我彰顯是比自我貶抑更能贏得愛與尊重的自我呈現策略[5]。盡快看清對方與我屬於何種關係、對方期待我有什麼樣的形象，才是提升自我呈現效果的關鍵。

大學教授的案例

舉例來說，大學教授在每學期的第一堂課都會發下課程大綱，介紹這學期的課程內容，當然同時也會介紹自己。這時，教授在學生面前該多大程度展現自己的才能呢？又該謙虛到什麼程度，才能在學生心中建立兼具人品與能力的形象呢？

儘管有程度上的差別，不過大多數教授都努力想給學生留下好的印象。贏得學生的愛與尊重，是教授們的夢想。尤其隨著課程評鑑的強化與評鑑結果的公開，情況更是如此。只是大多數教授都不知道該以什麼樣的方式表現自己。

某些教授會在學生面前非常謙虛地貶低自己。他們以為這麼做，學生就會尊重自己、喜歡自己。也有些教授有意無意地炫耀自己的成就，努力展現自己專業的一面，他們認為只有這麼做，才能得到學生的愛與尊重。究竟哪一類教授的判斷才是正確的？就算不是教授，任何人在向他人自我介紹時，也都會有類似的困擾。例如聯誼時在心儀的對象面前，又或者是與新客戶的初次見面，想要好好表現，該多大程度展現自己的優點和謙虛才恰當呢？

我曾經研究過在教授的第一堂課，用拉抬自己和貶低自己的兩種方式自我呈現時，學生會如何反應。結果顯示，一味謙虛地貶低自己的教授，既得不到學生的尊重，也得不到學生的愛。反倒是用稍微誇張的方式炫耀自己的教授，學生們不但覺得教授更為專業，好感度也更高。學生是為了學習知識而來到教室，所以自然而然將自己的才能與知識表現出來，才是同時贏得學生尊重與好感的方法。

韓國位於儒家文化圈內，謙虛的文化流傳更為廣泛，所以展現自己的才能得到的反應，也許與美國等西方國家大不相同。對此，我也在美國加州大學和夏威夷大學進行學生對教授自我呈現的反應研究，試著比較不同文化間的差異。兩位教授在第一堂課做了以下的自我介紹，由學生給予評分。如果是你，會對哪一種類型的教授更有好感，給的分數更高呢？

自我彰顯型

「大家好，很高興和各位在接下來的一個學期一起學習。我先自我介紹。在我的專業領域裡，我是最積極從事研究活動的教授。根據我過去的經驗，我相信一定能給各位最優質的課程內容。目前學校開設許多和這門課名稱類似的課程，也有其他教授進行授課，不過能上到我的課，絕對是各位的福氣。希望在這個學期，各位都能盡最大的努力來修這門課。

「此外，這堂課會用我寫的書當作教材。這本書是這個領域最暢銷的書，去年也很榮幸得到了『年度最佳圖書獎』。我在這個領域已經是公認最優秀的學者了，這個獎並不令人意外。我寫這本書只花了一個月的時間，書出版後，也有不少演講邀請找上門來，重金聘請我去演講。無論如何，希望我們一起度過愉快的一學期。」

自我貶抑型

「大家好，很高興和各位在接下來的一個學期一起學習。我先自我介紹。是的，雖然我以教授的身分站在各位面前，不過坦白說，我之所以能教各位，不過是因為我比各位早一點出生而已。其實系上要我接下這門課的時候，我有些驚訝。其實這個領域也不是我的專業，只要是修完研究所，拿到博士學位的人，任何人都可以教這門課。希望各位透過這門課，至少可以學到一些有幫助的東西。也希望在這個學期，各位都能盡最大的努力來修這門課。

「此外，這堂課會用我寫的書當作教材。去年這本書得到『年度最佳圖書獎』，我真的嚇了一跳。一開始接到消息的時候，我還想說是不是審查的時候出了什麼差錯？我只是把之前寫的東西東拼西湊，就把書出版了。直到現在，我還是覺得審查委員搞錯了。無論如何，希望我們一起度過愉快的一學期。」

對於上述兩種自我呈現類型的評分，無論是韓國學生還是美國學生，都沒有太大的差別（參見圖4）。對於謙虛型的教授，學生們都認為能力低落。換言之，他們不認為「教授有實力，只是謙虛而已」，而是認為教授真的沒有能力。無論是加州、夏威夷還是首爾的學生，都共同出現這樣的想法。

另一方面，謙虛型在好感度的獲得上相對有利。美國學生對於謙虛型的教授表現出最高的好感度，然而韓國學生並非如此。即便教授表現謙虛，學生的好感度也沒有上升。也就是說，韓國學生反倒比美國學生更討厭表現謙虛的教授。這可以用韓國學生更希望教授是值得尊敬的角色來解釋。

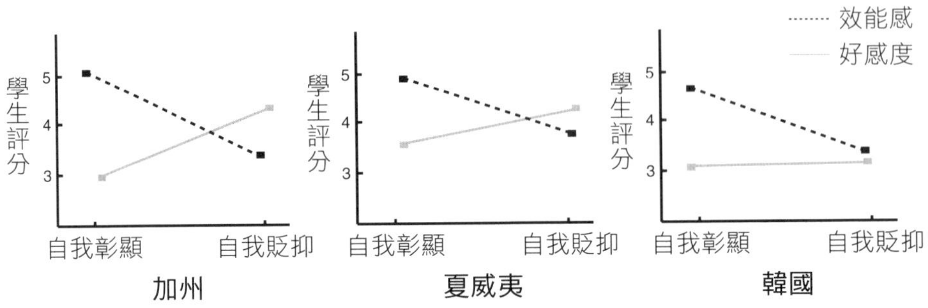

〈圖 4〉實線代表對教授的好感度，虛線代表對教授的效能感。在自我彰顯方面，加州、夏威夷、韓國三組都出現高效能感；反之，在自我貶抑方面，加州組與夏威夷組的好感度高於效能感，而韓國組則幾乎沒有差別。

關鍵終究在於平衡。為了在朋友或情侶的關係中獲得愛與親密感，我們付出了許多努力，甚至不惜貶低自己。相反地，我們卻很少努力提高對彼此的尊重。然而友情與愛情破滅最主要的原因，並不在於愛情或親密感忽然降低，而是對彼此的尊重消失。所以愛與尊重，兩者必須達到平衡才行。具有良好人際關係能力的人，就是能同時引發他人好感與尊重的人。既能帶給他人好感，又能贏得他人尊重的能力，正是溝通能力的關鍵。

另一方面，哈佛心理學家安巴迪（Nalini Ambady）曾讓大學生就好感度與效能感對不認識的教授進行評分[6]。她先讓學生觀看教授上課的影片十秒，接著讓學生針對教授是否教得好、是否讓人產生好感評分。影片的聲音被設定為靜音，無法聽見課程內容。換言之，學生必須觀看不曾見過的教授上課的模樣十秒後，給予評分，並且以同樣的方式對十三位教授的「授課能力」評分。令人驚訝的是，這些學生的評分和實際上過課程的數百位學生的評分，幾乎沒有差別。更驚人的是，即便將十秒的影片縮短為五秒，甚至兩秒，讓學生看完後評分，結果也與觀看十秒影片沒有太大差異。

安巴迪教授試圖透過影片，調查評分者具體看見了哪些非語言溝通。結果發現，絞扭手指、用手擺弄物品、皺眉、身體前傾、頻繁看向地板等動作，是造成低分的因素。反之，點頭、大笑、微笑等動作，給人充滿自信、朝氣與熱情的感覺，提高了對教授的評分（好感度與效能感皆是）。

由此可見，能帶給他人好感，又能贏得他人尊重的溝通能力中，除了說話的內容外，說話的方式（包含表情、姿態等非語言溝通）也發揮了決定性的功能。要讓這種正面的非語言溝通（例如微笑、自信且熱情的態度、正面表情等）自然而然表現出來，就必須養成正面情緒的習慣；而要養成正面情緒的習慣，必須透過系統化的訓練與努力才行。對此，後文將有更詳細的介紹。

同理能力

了解同理的原理，並且練習傾聽

大腦的鏡像神經元

同理能力是指善於讀出他人心理或情緒狀態的能力。藉由表情或聲音、語調、身體動作或姿勢等線索，讀出他人當下想法或感受的能力，是維持良好人際關係、說服他人最基本的特質。積極的傾聽或模仿對方表情等訓練，有助於增進同理能力。

傳播學者將同理（empathy）定義為「感知他人的情緒或想法，並且站在對方的立場替對方承受的認知過程」[7]。首先，感知到對方的情緒或想法，代表明白對方當下的感受。如此驚人的同理能力從何而來？腦科學家認為同理能力的關鍵在於大腦的鏡像神經元（mirror neurons）。

神經科學家克瑟爾（Christian Keysers）與其同事[8]利用外接管子，讓核磁共振儀（MRI）中的受試者嗅聞腐敗的雞蛋與變質的奶油味道。這些難聞的惡臭刺激了大腦的腦島前端，而這個部位一般認為在經歷厭煩或不適的情緒時特別活躍。當受試者看見影片中某個演員聞過手中的杯子後，便像聞到惡臭那樣皺眉時，大腦的相同部位也特別活躍。換言之，無論是受試者親自聞到惡臭，還是看見他人聞到惡臭，大腦特定部位幾乎同樣變得活躍。

在另一項研究中，克瑟爾與其同事[9]讓受試者穿上短褲，進入核磁共振儀中，並以刷子或棍子碰觸受試者的腳。當刷子刷過雙腳時，受試者產生搔癢的感覺。這時大腦活躍的部位，與受試者看見影片中其他人的腳被刷子或棍子碰觸時幾乎一致。換言之，無論是當事人的腳被他人觸摸，還是看見他人的腳被觸摸，大腦中掌管觸覺的部位同樣變得活躍。更令人驚訝的是，如果刷子或棍子只是靠近影片中人物的腳，而沒有直接碰觸，觀賞影片的受試者腦中該部位並不活躍，只有看見刷子或棍子直接碰觸影片中人物的腳，該部位才會特別活躍。

這項研究結果顯示，我們光是看見其他人的經驗，就會產生與他人類似的感受。在神經科學界中，將大腦的這種系統稱為鏡像神經元，意思是大腦有如鏡子般反射出他人的經驗。由此可見，人類的大腦對於自身的經驗和他人的經驗有著極其類似的反應。這是因為人類大腦本是社會化的。社會化大腦是同理的根源，也是我們彼此溝通理解的基礎。

不過我們對自身的經驗和他人的經驗，並非以完全相同的方式反應。要是反應相同，那麼看見電影演員被利刃刺傷或遭到槍擊死亡時，我們或許會太過痛苦而無法繼續觀賞電影；而醫師每天看著受疼痛之苦的病患，或許也無法進行治療行為了。

對於他人的痛苦，我們的大腦雖然不會產生相同的感官痛苦，不過痛苦帶來的情緒波動卻可能相同。尤其我們心愛的人承受痛苦，也會讓我們內心產生與對方同等的痛苦。

在權威學術雜誌《科學》的一篇研究中，塔妮婭．辛格（Tania Singer）與其同事針對十六對情侶進行實驗[10]。在以 fMRI 拍攝女性大腦的同時，她們的另一半就坐在功能性磁振造影儀旁，一起參與實驗。躺在機器中的女性與坐在一旁的男性，都將右手放在電擊器上，反覆接受電擊刺激。女性看得見男性的手，可以看見男友被電擊的樣子。

當女性自己的手直接遭到電擊，以及看見男友被電擊的時候，大腦活躍的部位幾乎相同，尤其是與情緒有關的前扣帶迴皮質或前腦島。然而直接感到痛苦的感官部位（例如運動皮層部位），只有在本人直接遭受痛苦時才變得活躍。換言之，看見別人承受痛苦時，人類大腦在情感上產生「同理」，卻感受不到直接的痛苦。

不過該研究只觀察女性的大腦。如果情況顛倒，讓男性躺在機器中，看著女友遭受痛苦，結果又會是如何呢？也許不會有如此明確的研究結果吧。這是因為男性的同理能力明顯低於女性。所以在這次的實驗中，也只觀察女性的同理能力。

研究人員後來也對男性的同理心進行研究，發現當男性看見對自己施加痛苦的人遭受痛苦時，其大腦會比女性的大腦獲得更大的快感。亦即男性對於復仇產生更愉悅的快感[11]。這項研究同樣收入權威學術雜誌《自然》中。順帶一提，也有研究指出人們在承受痛苦的當下，較少同理他人的痛苦[12]。這項研究可以說證實了中國諺語所說的「泥菩薩過江，自身難保」，遭受過痛苦的人自然懂得同理別人的痛苦，但是在自己承受痛苦的當下，鏡像神經元對他人痛苦的反應較不活躍。

換位思考的能力

不只有鏡像神經元能讓人們產生同理心。同理他人最重要的能力，是懂得理解他人立場的「換位思考」的能力。設身處地站在對方立場思考事情的能力，正是溝通與人際關係最基本的能力。

現在各位不妨檢視一下自己換位思考的能力。假設莎莉和小安兩位女孩待在一間房內。莎莉先將玩偶放在嬰兒車內，隨後離開房間。獨自留在房內的小安拿出嬰兒車內的玩偶，放進一旁的木箱中，接著也離開房間。不知情的莎莉重新進入房內，她會最先去哪裡找玩偶呢？

答案當然是嬰兒車。但是要答對這個看似簡單的問題，需要人類才擁有的能力——這正是站在他人立場思考的能力。聽完上述故事的你，已經知道玩偶放在木箱內的事實。然而要說出「莎莉以為玩偶還在嬰兒車內，所以會最先去嬰兒車找」，必須先懂得站在莎莉的立場思考事情才行。

莎莉與小安測驗

對於上述的問題，未滿四歲的幼兒通常這麼回答：「莎莉會先找木箱子。」這是因為幼兒們知道玩偶在木箱內的事實，換言之，幼兒沒有能力區分自己的觀點和莎莉的觀點，還不具備換位思考的能力。不只是幼兒，在成人之中有百分之八十左右的自閉症患者，無法在莎莉與小安測驗（Sally-Anne test）中說出正確答案。

學者將這種理解他人心思與立場的能力，稱為「心智理論」（Theory of Mind）。心智理論不是指某種學術理論，而是指理解他人心思的能力。心智理論低落的情況，不只發生在未滿四歲的幼兒身上。在成人之中，也有不能理解他人立場或情緒，以過度自我中心主義看待這個世界與事物的人。或許這些人的心智理論存在缺陷吧。

有趣的是，當孩子成長到四歲左右，心智理論開始成熟時，亦即理解他人立場的能力形成時，人類也開始形成明確的自我意識。「你」和「我」其實是錢幣的一體兩面：與你有別的「我」，與我有別的「你」。在理解對方立場的那一刻起，我們也開始建立起做為主體的自我（self）。「我眼中有你，你眼中有我」，這句話不是流行歌的歌詞，它其實是馬丁·布伯（Martin Buber）等許多哲學家共同的主張[13]。不僅如此，這個主張也得到腦科學的證實。

近來腦影像研究發現，當人們意識到他人關注自己時，大腦中的楔前葉、顳頂交界區、內側前額葉皮質等部位特別活躍。而當我們思考他人時，這些部位也同樣活躍[14]。尤其是內側前額葉皮質，在我們關注自己或他人的心理狀態時都同樣活躍。例如透過麥克風告訴核磁共振儀內的受試者：「現在開始，我們研究人員將透過攝影機觀察你的反應和動作。」受試者腦中的內側前額葉皮質部位將立刻變得活躍。這是因為意識到他人目光的瞬間，內側前額葉皮質開始發揮作用。

根據腦科學家克里斯多夫．佛利斯（Christopher Frith）的主張，內側前額葉皮質部位的活動與腦中建構的世界有關。心中想著某些事的時候，我們想的不只是自己的想法、情緒和信念，同時也必然想著其他人的心理狀態[15]。決定我們行為的關鍵，並非世界本身，而是我們對世界的信念。

由此看來，心智理論和同理能力的發揮，可以說與內側前額葉皮質有著密切的關聯。有趣的一點是，在我們放鬆休息時，腦中依然活躍運作的部位也是內側前額葉皮質。換言之，在我們躺著閉上眼睛，什麼也不想的預設狀態下，內側前額葉皮質比其他部位都要活躍。這又再次告訴我們一個事實——人類是社交動物。

想要提高同理能力，必須努力活化內側前額葉皮質。由於內側前額葉皮質在我們思考自身或是在放空狀態下較為活躍，因此同理能力低落的人，如果能偶爾靜靜坐下，花點時間自我反省或冥想，必定有所幫助。光是反思自己的情緒或思緒的流動，大腦就已經做好發揮同理能力與換位思考的準備。內省智能與人際智能的關係正是如此緊密。

兩性同理能力的差異

每個人的同理能力天差地別，尤其男女之間的差異更為明顯。從母親懷中開始，男性大腦掌管對外溝通的部位便大幅萎縮，在這個狀態下誕生的男性，理解對方表情或情緒的能力自然較女性低落許多。反之，男性在攻擊傾向較為強烈的狀態下誕生。人類大腦正是如此演化而來[16]。男女之間同理能力的差異，有時也會成為兩性在溝通上產生衝突的根本原因。

由於女性擁有從對方表情中讀出情緒與意圖的優越能力，因此理所當然認為男性應該也多少懂得察言觀色。然而男性對於表情或聲音的變化相當遲鈍。

無法理解男性如此缺乏同理能力的女性，經常將自己明明表現出情緒，男性卻渾然不知的情況，解讀成對自己沒心或刻意冷落自己，因此陷入更巨大的憤怒與挫折之中。而當女性瞬間爆發憤怒時，男性常感到莫名，「怎麼忽然生氣？」，以為女性將其他原因造成的憤怒轉而發洩在自己身上，最終就是兩性衝突越演越烈。

想要預防這種衝突，女性應盡可能將自己的不滿或情緒的變化，以具體的語言訊息向男性傳達；而男性也應該明白自己解讀對方表情的能力較為遲鈍，當女性忽然生氣時，試著反省自己是否沒有察覺對方情緒的變化。兩性都必須努力同理對方。

兩性之間的溝通衝突不只發生在夫妻或情侶身上，在職場上有男女共事或開會的情況下，也經常發生。女性對於表情或聲音背後的情緒變化較為敏感，因此能藉此自然而然引導溝通。反之，男性較為遲鈍，溝通時只能專注於對話的內容。出於這樣的原因，當男女同事一起開完會後，雙方經常會有「溝通不順暢」的感覺。克服這個問題的唯一途徑，有賴男性與女性澈底了解兩性同理能力的差異，並且努力克服。

臉部表情的祕密

無論男性或女性，同理能力低落的人都有個共通點，那就是面無表情。臉部表情與情緒變化習習相關，因為帶動臉部表情的肌肉由腦神經直接控制。然而情緒狀態如木頭或石頭般僵硬的人，連自己的情緒都難以掌握，更遑論掌握他人的情緒。理解自我情緒的能力與解讀他人情緒的能力，都是由大腦同一部位負責。想要同理他人的情緒狀態，首先必須培養認知及控制自我情緒變化的能力。

多數韓國成人的微笑肌肉相當僵硬。人類的臉部表情與情緒有著緊密的關係，正面情緒被引發後，人們變得滿臉笑容。不過在我們意識到正面情緒之前，我們的臉部已經有了笑容。換言之，在情緒改變我們的臉部表情後，我們才意識到自己的情緒，意識到「啊，我現在的心情真好」。所以順序是「正面情緒引發」→「微笑的表情」→「意識到正面情緒」。我們透過臉部表情或心跳脈搏、肌肉緊繃、汗水分泌等身體的變化，才意識到情緒的變化。換言之，我們依序經歷的階段是：情緒引發→身體變化→情緒認知。[17]負面情緒也是如此。當負面情緒「憤怒」被引發時，心跳脈搏與表情肌肉等首先出現改變，而大腦偵測到這種身體的變化，進而意識到正在生氣的事實。結論是，我們並非因為開心而笑，而是因為笑而感到開心；並非因為生氣而皺眉頭，而是因為皺眉頭發脾氣才感到憤怒。

由於情緒引發與情緒認知之間，存在著這種身體的變化，所以調節身體自然能調節情緒。最具代表性的例子是調整呼吸。緊張時，呼吸變得急促，肩頸肌肉或臉部肌肉變得僵硬，於是我們的大腦意識到身體的緊張。這時只要放鬆肌肉，放慢呼吸或採腹式呼吸，就能大幅舒緩緊張的程度。

正面情緒也是如此。想要讓大腦引發正面情緒，最簡單的方法是放聲大笑。當臉部表情充滿笑容時，大腦也會意識到開心、愉悅，進入容易引發正面情緒的狀態。光是讓控制微笑的肌肉收縮，大腦就會判斷我們正在微笑，進而分泌與正面情緒有關的多巴胺。

現在請拿出一支原子筆，用牙齒輕輕咬著，嘴唇不碰到原子筆。這個動作能讓微笑時使用到的肌肉收縮，使大腦以為你現在正在微笑。儘管效果有限，不過光是用牙齒咬住原子筆，就能簡單引發正面情緒[18]。反之，用嘴唇含住原子筆時，微笑肌肉受到抑制，出現類似於平時負面情緒產生的「嘟嘴」表情。在這種狀態下，大腦判斷我們正做出負面表情，進而產生負面情緒（參見圖5）。

另一方面，用牙齒咬住原子筆的人和用嘴唇含住原子筆的人，在觀看相同的喜劇節目或搞笑漫畫後，前者更覺得節目或漫畫有趣。這是因為我們的大腦誤以為喜劇節目或搞笑漫畫有趣而使我們發笑。

我曾利用這種現象進行實驗。如果分別要求受試者用牙齒咬住棍子和嘴唇含住棍子的狀態下看照片，並且猜測照片中人物的情緒狀態，結果會是如何呢？一如預料，用牙齒咬住棍子的受試者，對人物的情緒有更正面的評價。換言之，正面情緒被引發的人，通常也傾向往正面方向猜測他人的情緒狀態。這個結果暗示了一個事實：那就是認為自己幸福的人，也從他人的表情中讀出更多的幸福[19]。

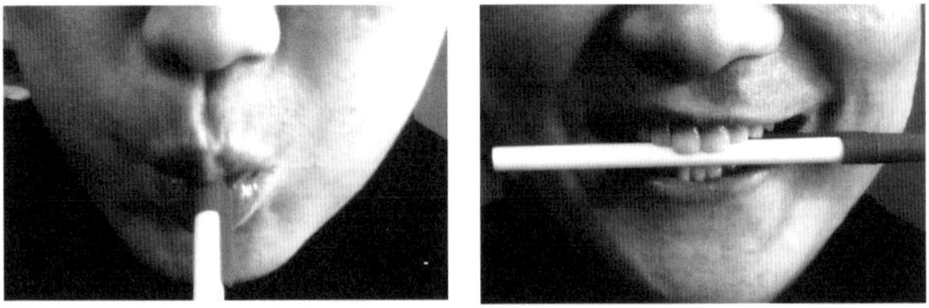

〈圖5〉左為用嘴唇含住原子筆，抑制微笑肌肉的狀態；右為用牙齒咬住原子筆，讓微笑肌肉收縮的狀態。

我在另一項實驗中，給用牙齒咬住棍子的受試者和用嘴唇含住棍子的受試者看幾張相同的抽象畫，同時隨機指著其中一些抽象畫，說是美術系新生畫的作品，而另一些則是國外知名畫家的畫作，接著詢問他們的喜好度。結果發現，用嘴唇含住棍子的受試者更偏愛號稱「國外知名畫家」的畫作。換言之，負面情緒被引發的組別，對「國外知名畫家」這個外在權威的依賴度與順從度更高。

反之，用牙齒咬住棍子而引發正面情緒的另一組，對於兩者的畫作，喜好度並沒有太大差別。其實這些抽象畫都是業餘畫家畫的作品，水準大同小異。可見當正面情緒被引發後，依據個人主觀來判斷的傾向更明顯，而非仰賴外在權威[20]。

此外，無論是號稱國外知名畫家的畫作，還是美術系新生的畫作，正面情緒被引發的組別對整體畫作的喜好度更高（參見圖6）。這項研究結果證實，正面情緒使人們對於評價對象有更正面的判斷。換句話說，無論評價對象是人是物，正面情緒被引發的人都有更正面的評價，也表現出更高程度的好感。簡而言之，這些人開始用更正面的態度看待世界。

這個研究結果充分顯示了一個明確的事實：當我們擁有正面情緒時，眼裡看見的對方更加幸福，世界也更加充滿希望。所謂看待他人，其實就是看待我們自己投射在他人眼中的模樣。這是正面情緒能帶來良好人際關係的原因，也是想要成功維持人際關係，首先必須培養正面情

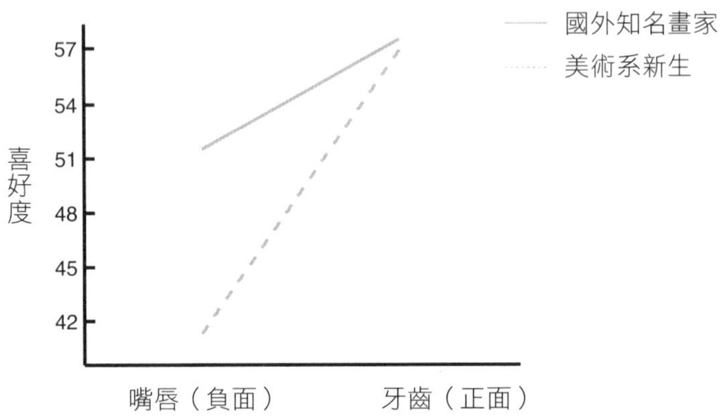

出處：Min, Ji Hye, Yoo Sun, Shin, Kim, Joo Han(2010).

〈圖 6〉實線是介紹畫作為國外知名畫家畫作的情況，虛線是介紹畫作為美術系新生作品的情況。用嘴唇含住原子筆而微笑肌肉受到抑制時，兩種情況的差異相當大；微笑肌肉收縮而正面情緒被引發時，對兩種情況的喜好度幾乎相同。

緒的原因。

如果希望在日常生活中建立圓融的人際關係，必須先敞開心房傾聽對方的話語，並且養成傾聽對方說話時，重複對方表情的習慣。正如前面所說，人類的臉部肌肉與掌管情緒的大腦有直接的關係。

臉部是呈現一個人情緒狀態的鏡子。在傾聽的同時重複說話者的表情，能幫助我們更好地感受對方的情緒狀態。這個舉動稱為「同理心傾聽」。當然，對於天生缺乏同理能力的男性而言，更需要同理心傾聽的訓練[21]。

成功的溝通關鍵不在於擅長發言，而是擅長傾聽。同理心傾聽是獲得高水準的同理能力與溝通能力最有效的方法。如果再現對方表情有困難，至少也要擺出正面、開朗的表情，那怕是勉強擠出一絲笑容。因為光是做出開朗的表情，就能相當程度地提高同理能力。

自我擴張能力

維持深厚、廣泛的人際關係

正面情緒與自我擴張能力

所謂自我擴張能力，是指體認到自己與他人相互連結的能力。自我擴張能力較高的人，內在有個明確的前提，那就是在自我的概念中理解與他人的關係。換言之，他們在思考自己時，已經是在與他人的關係中理解自己。無論古今中外，自我擴張能力向來被視為人類道德的基本屬性，而自我擴張能力的提升則是人格教育的基本目標。

近來正向心理學的研究結果顯示，自我擴張能力的基礎在於正面情緒。唯有正面情緒能將人們團結在一起。根據心理學家芭芭拉・佛列德里克森（Barbara L. Fredrickson）的主張，正面情緒是讓我們與他人緊密相連的感受更為強烈的原動力[22]。內心充滿喜悅、愉快等正面情緒的人，會使自己與他人合為一體（從而形成一個更大的社群）的感受更為強烈。

許多研究發現，正面情緒水準高的人，在社交活動上更為活躍，與陌生人也能順利建立深厚、廣泛的人際關係。另外也發現他們所擁有的人際關係，通常不只是泛泛之交，而是積極發展為成功且更有意義的人際關係。根據研究顯示，當正面情緒被引發後，人們在與陌生人交談時，有更高的機率坦露自己的個人訊息。

那麼，為什麼正面情緒讓人們更輕易，並且更親密地交往呢？許多社會心理學家針對人類的親密關係發展出各種理論，其中最具代表性的，當屬「社會交換理論」。該理論主張所謂的親密關係，其實正是分享各種資源與好處的關係。根據這項理論，生活中任何好處都願意與彼此分享，就是建立親密關係的本質。也有其他理論認為，只要是願意分享彼此觀點的關係，就是親密關係。換言之，能分享自己與對方的觀點或想法，站在對方的立場看待事物，這即是親密關係。根據這項理論，只要站在對方立場接納或判斷所有事情，就稱得上是真正親密的關係。不過批評的聲音也從未停止，反對者認為單憑這些理論，不足以全面說明親密關係中各種複雜的層面。

阿瑟．亞倫與依蓮．亞倫（Elaine Aron）[23]提出「自我擴張理論」，大膽主張親密關係是「將對方納入我的自我概念內」，並由此建立相關理論。換言之，將「我」的範疇擴大，藉以將對方納入此一範疇內，才是真正的親密關係。因此，亞倫將愛定義為「自我的擴張」。根據這項理論，真正的人際關係建立在將對方納入「我」的概念中。這也代表了想要維持良好的人際關係，必須先擁有擴張自我概念的能力。

在日常生活中，我們將自己視為某種「底片」，並且將所見所聞視為在「底片」之上投射的某種「影像」。換句話說，我們總是以自己為中心，或是以自己為基本前提來看待世界。

查爾斯・洛德（Charles Lord）曾進行如下實驗[23]：他首先向受試者展示六十個意指具體物件的單字，例如驢子、汽車、飛機、電視等。這些單字會在螢幕上顯示十秒鐘，受試者被要求在十秒內盡可能深入想像，這些單字和特定人物（例如知名人士或自己）之間可能發生什麼事情。他說：「如果出現的單字和雷根總統（時任美國總統）在一起，請盡可能具體想像兩者之間可能發生什麼事情。」假設出現的單字是驢子，可能聯想成雷根總統騎著驢子，或是和驢子玩角力，或是餵驢子吃飼料。無論如何，只要按照大腦思路想像十秒即可。特定人物都是知名的藝人或總統等「他人」，中間隨機穿插了受試者自己的照片。看完照片後，有二十秒的時間在白紙上以文字描述想像的情景。在實驗全部結束後，受試者被要求寫下這次實驗顯示的六十個單字中，依然記在腦海裡的單字。

令人驚訝的是，比起與自己的照片放在一起的單字，人們記住更多的是與他人照片放在一起的單字。換言之，相較於將驢子和自己放在一起，將驢子和雷根總統放在一起時，給人們留下的記憶更深刻。如洛德所言[25]，這項實驗結果顯示，人們站在自己的立場和站在他人的立場看外界，使用的是完全不同的認知程序。直接以自己為對象想像的驢子，和以他人為對象想像的驢子，在我們大腦內是截然不同的存在。

亞倫與其同事改良洛德的實驗，向受試者展示各種類型的單字，並且設定三個不同的對象，要求受試者想像與特定事物有關的三個人：自己、自己的母親，以及雪兒（Cher，與受試者母親年齡相近的知名女星）。結果一如預期。受試者最能記住單字的對象是藝人雪兒，而母親與自己的結果相近，記住的單字量都大幅降低。無論是同時想像母親與某種事物，還是同時想像自己與某種事物，結果皆相去不遠，並沒有統計意義上的差別。換言之，大腦潛意識中將母親和自己視為幾乎相同的個體。有趣的是，父親的情況則稍有不同。相較於母親，父親更接近他人的角色。

這項實驗結果暗示了自我擴張能力較強的人，看待世界的立場較為不同。擁有較高水準的自我擴張能力的人，無論是以自己的立場看待外界，還是以他人的立場看待外界，結果都沒有太大差別。即使是發生在他人身上的事情，他們也像是自己親身經歷一樣去接受與處理。這些人自然更懂得體諒他人。這種「體諒」並非透過有意識的努力所達成，而是自我擴張能力較強，將他人與自己視為一體的大腦的自然反應。

社會關係的本質

大量研究已經證實，幼兒時期與母親的關係，會對日後成長造成極大的影響。尤其近來腦科學的研究成果，都將大腦視為關係的「社會實體」（social reality）。人類的大腦與身體其他器官不同，必須透過與其他人的互動而發育成熟。知名神經科學家理察·衛斯達（Richard Restak）宣稱[26]新興學科「社會神經科學」（Social neuroscience）已經誕生。如衛斯達所言，大腦本質上是社會化的。如今，人文社會學家也應該開始關注大腦研究。

六〇年代心理學家哈利·哈洛（Harry Harlow）展開的研究，證實社會性互動對大腦的發育有著決定性的影響。哈洛是以恆河猴進行大量實驗而聞名的學者，他也因此成為動保人士攻擊的對象。他將剛出生的幼猴從母猴身邊帶走，單獨飼養，並且透過各種實驗研究依附的本質與依附匱乏帶來的各種結果。

剛出生就被帶離母猴與其他手足身邊、獨自長大的恆河猴，儘管營養供給無虞，大腦的發育仍不健全。尤其大腦中的類固醇激素受體（steroid hormone receptor）沒有完全發育，無法良好適應壓力。從小遠離母親、獨自長大的恆河猴，其他身體器官由於營養供給充足，發育正常，然而大腦在發育期結束後仍未完全成熟，依然處於混沌的狀態。

代理媽媽實驗

哈洛的實驗有個著名的稱呼——「代理媽媽實驗」。哈洛將剛出生的幼猴從母猴身邊帶走，放進籠子內，籠內分別有由鐵絲製成的代理媽媽和由絨布製成的代理媽媽。在哈洛進行這項實驗的六〇年代，一般仍認為哺乳類嬰兒（包含人類在內）之所以喜歡母親，是因為母親能提供母乳。當時也認為不應該多抱嬰兒，讓孩子太有依賴性，而是要盡可能和母親保持距離，才能訓練孩子獨立，這樣的想法幾乎被視為常識。所以丟給孩子一個奶瓶，讓孩子自己在床上入睡的教育方法，成為當時最新潮、最常見的育兒方法。這種育兒方法，尤其廣受當時遽增的職業婦女的歡迎。

然而哈洛的實驗明確指出這些常識錯得離譜。幼猴被帶離母猴身邊後，獨自住在有代理媽媽的籠子內，整天黏著絨布媽媽，不停舔舐與撫摸絨布媽媽。然而絨布媽媽沒有奶水，流出奶水的反倒是鐵絲媽媽。幼猴整天黏著觸感柔軟的絨布媽媽，卻不肯看鐵絲媽媽一眼。肚子餓的時候，才走向鐵絲媽媽喝奶，隨後立刻回到絨布媽媽身邊，寸步不離[27]。事實證明，幼猴並非為了奶水才找母猴，而是渴望母猴柔軟溫暖的懷抱才貼近母猴。這項實驗首度揭露一個事實，那就是嬰兒對母親的「依附」更勝於奶水。

哈洛在實驗中製作了各式各樣的代理媽媽。除了表面覆蓋絨布的代理媽媽外，他也利用尼龍或塑膠，甚至是砂紙來製作代理媽媽的皮膚。當然，幼猴最偏好觸感柔軟的絨布，並未對尼龍或砂紙製作的代理媽媽表現出強烈的依附。出生後六個月內的幼猴，喜歡溫暖且會活動的代理媽媽。即使沒有頭部或身體的形狀也無妨，只要是柔軟或有溫度接近體溫的物品，幼猴必定黏著不放。

至於連代理媽媽也沒有，只能獨自長大的恆河猴，精神上表現出極大的不安。在被完全隔離，無法與其他猴子互動的條件下長大的恆河猴，不僅出現情緒上的不穩，在學習與記憶能力上也明顯落後許多。經過解剖，發現這隻恆河猴的大腦已經萎縮[28]。可以說缺乏社會性互動而長大的恆河猴，其大腦並未完全發育。

當缺乏母愛的幼猴長大成為母猴時，會如何照顧幼猴呢？哈洛想找出這個問題的答案，然而實驗立刻遭遇困難。從小被單獨飼養的雌猴，即使長大後，仍頑強拒絕與雄猴交配。哈洛無計可施，只好將雌猴綁住，讓雄猴「強姦」雌猴。這項實驗隨即引發動保人士的極大憤怒與反彈。哈洛料想不到的是，動物強姦的議題受到高度關注，甚至戰火延燒至哲學家之間的辯論。

儘管面臨許多社會上的責難與動保團體的死亡威脅，哈洛仍繼續進行實驗。最後被單獨飼養的雌猴懷孕，產下幼猴。令人驚訝的是，這些恆河猴不僅沒有負起母猴的責任，甚至虐待幼猴[29]。母愛並非經由遺傳天生獲得的事實，在這一刻展露無遺。換言之，「從母親身上獲得愛，才能傳承給子女」，這個平凡的事實終究是自然的法則，而這也是人類倫理最重要的根本。唯有獲得愛，才能給予愛；唯有在被愛中長大，才能擁有愛人的能力。唯有從小到大在與母親的互動中備受關愛，大腦中體諒他人、同理他人的部位才能發育成熟。大腦只有在人際關係中才能發育完成。衛斯達「大腦是社會實體」的命題並非譬喻，而是有憑有據的真實描述。

對於大腦發育與人際關係的緊密關聯，丹尼爾．席格（Daniel J. Siegel）[30]的研究也值得關注。席格的研究認為，孩子的大腦從一片混沌發展出完整結構的過程中，幼兒期與母親的互動發揮了決定性的功能。大腦的結構發育與成長，由親子間的親密關係所決定。人類的大腦與其他身體部位不同，不是營養供應無虞，就能發育成熟。孩子的大腦具有極高的可塑性，可以往任何方向塑造。孩子出生後一至兩年內受到的刺激，影響了大腦突觸的形成，大腦的一大部分也在此時定型。透過母親溫暖柔軟的懷抱與關愛、對話，孩子的大腦逐漸具備社交能力。現在能夠擁有精神、身體上的健康，並且津津有味地讀著這段文字的所有人，都應該再次向自己的母親說聲感謝。

母親之間同理能力的差異

有些家長正確、直觀解讀孩子情緒與心理狀態的能力較強，有些家長則能力相對較差。擅長解讀孩子情緒與心理狀態的母親，能恰到好處地應對孩子的行為。例如孩子肚子餓的時候，餵孩子吃飯；尿布濕而哭泣的時候，為孩子換尿布。然而同理能力相對低落的母親，卻可能在孩子肚子餓而哭泣的時候，為孩子換尿布。順帶一提，這種能力與母親的智力或教育程度無關。即使是天資聰穎的女性，也不一定有能力做出最適當的行為；即使是智力較差的女性，也無法直接判定能力不足。這只是每個人同理能力的差異而已。

心理學教授伊莉莎白・梅恩斯（Elizabeth Meins）曾進行一項研究，比較兩種類型的母親扶養長大的孩子。她在孩子兩足歲時比較兩組，發現當母親善於解讀孩子的心理狀態時，其子女的語言能力與遊戲技巧表現較為優異[31]。

關於這個研究主題，還有另一項有趣的腦影像研究[32]。人們在思考自己與思考母親時，大腦活化的部位幾乎完全一致。研究人員先向受試者展示兩個一組的單字，要求第一操縱變因組的受試者從中選出一個與自己關聯性較高的單字，再要求第二操縱變因組的受試者選出與自己母親關聯性較高的單字，另一個控制變因組則選出有特定字母的單字。結果顯示，人們在思考自己時與思考母親時，使用了大腦中相同的部位。可以說在我們大腦深處，存在著將母親與自己視為一體的機制。

母親是我們的一部分。這篇論文的作者在結論引用了威廉．詹姆士（William James）九十年前說過的話：

「母親死後，我們的一部分消失了。如果母親做錯了什麼，我會感到羞愧；如果母親遭到羞辱，我也覺得自己像是被羞辱了一樣。」[33]

讀著六十年前的哈洛論文與最新腦科學的論文，我想起托爾斯泰在小說《人為什麼而活》當中的一段話。

「人活著不是靠對自己的關心，而是靠愛。……當我變成一個凡人的時候，我不是靠自己關心自己活下來的，而是靠愛。……所有人活著都不是靠他們自己關心自己，而是靠人們心中的愛。……現在我明白了，人們以為自己只是靠對自己的關心活著，其實他們完全是靠愛活著的。誰生活在愛裡，誰就住在上帝裡面，上帝也住在他裡面，因為上帝就是愛。」

高特曼教授的婚姻方程式與連續劇

「修身、齊家、治國、平天下」是儒家的基本理念。意思是先修養自己，達到家庭的和睦後，才能治理一個國家，進而平定天下。「修身」的意思就是提高內省智能。努力培養前面介紹的情緒調節能力、衝動控制能力、原因分析能力，強化自我控制的能力，就相當於修養自我的「修身」。

營造家庭親愛和睦的「齊家」，指的是經營好與自己最密切的人際關係——家庭。家庭的根本在於夫妻關係。夫妻儘管不是由血緣結合的關係，卻是各種血緣關係的起點。

無論古今中外，人類歷史上都將婚姻視為開啟下一世代的關係結合。數千年來，婚姻都是為經濟目的（勞動力的生產）或政治目的（預防戰爭）等服務。直到十八世紀以後，婚姻才與男女間的戀愛形成緊密聯繫。

現代社會普遍認為夫妻關係是情侶關係的延伸，因此「齊家」的意義也大幅改變。戀愛技巧與能力開始成為所有人必備的技能。電影或小說中才可能存在的情侶關係，如今正在現實生活中上演，而多數人也幻想著透過這樣的過程步入婚姻。然而這樣的戀愛觀，反倒使許多人變得不幸。

儘管詩人歌詠男歡女愛是幸福的源泉，現實情況卻恰恰相反。對許多人而言，愛情反倒帶來極大的不幸。各種憎惡與憤怒，甚至是犯罪，皆源於感情問題。根據統計，殺人案最多的動機正是感情問題。各位不妨到KTV翻開點歌簿，看看歌名，全都充滿了離別、悲傷、痛苦、厭惡、孤單、背叛等詞彙吧？再怎麼睜大眼睛，也看不見愛情帶來幸福或令人愉悅的歌詞。如此看來，感情真可謂幸福最大的敵人。為什麼曾經相愛的兩人，卻也最厭惡、憎恨彼此呢？

美國華盛頓大學的約翰．高特曼（John Gottman）教授發表一項研究結果，指出針對即將步入禮堂的情侶，只要分析三分鐘的對話，就能預測四年後離婚的可能性，準確度達九十四%。他拍下超過三千對夫妻的對話，將對話內容、口吻、表情等因素出現的情緒，詳細區分為二十個左右的類別，建立了龐大的數據資料庫。在這個基礎上，高特曼設計出預測離婚可能性的數學公式[34]。

根據高特曼教授的研究結果，走向離婚最關鍵的負面情緒是輕視與冷漠。如果對話中出現這些態度，那麼即使不看其他層面，也能預測婚姻生活終將破滅。高特曼教授表示：「不理睬對方，嘴角撇向一邊的輕視，是最糟糕的徵兆。」即將結婚的情侶們，務必深切自我反省，想想自己是否偶爾會向對方表現出輕視或冷漠的情緒。如果答案是肯定的，最好放棄結婚。

在情侶關係或夫妻關係中出現的愛情型態，可以分為三種類型：第一種是安全型依附

（Secure attachment），這種類型的人自然而然接受與另一半的親密行為，對婚姻的滿意度也最高。如果男女雙方都是安全型，將是最理想的夫妻。第二種是迴避型依附（Avoidant attachment），這類人對於和異性親近感到莫名恐懼與排斥，必須與另一半保持一定的距離，維持平淡的關係，才會覺得自在。第三種是焦慮型依戀（Anxious attachment），這種類型的人經常表現出對另一半過度的關心與執著。他們也大多是一見鍾情後，便陷入熱戀的人。

無論男性或女性，想要維繫幸福的婚姻生活，最理想的類型是安全型。即使不是安全型，為了雙方的幸福，至少也要努力活出安全型依附的模樣。然而近來年輕人對於擁有這種性格的人，並未感受到多大的魅力。最大的原因在於安全型的人，在連續劇或電影中經常只是配角。連續劇的主角大多是迴避型或焦慮型的類型，因為這才能帶來衝突和故事的題材。這種做為配偶完全不及格，屬於極端類型的人，總是被大眾媒體包裝成富有情調、性格冷酷的主角。不知不覺被這些大眾媒體洗腦的年輕人，將安全型貶低成毫無魅力的人。甚至連原本屬於安全型的人，也開始將迴避型或焦慮型視為必須追隨的典範，模仿起這些類型。

令人不解的是，人們傾向相信大眾媒體上呈現的愛情，某天必定會在真實生活中成真。人們一邊收看肥皂劇，一邊批評連續劇的設定和故事發展不合理，卻又誤以為主角追求的「愛情」，在現實生活中也可能發生，自己總有一天也能談一場那樣的戀愛。根據一項電影研究的結果，人們雖然將龐德電影當中的一切視為幻想、虛構，然而奇怪的是，他們卻認為詹姆士龐德和龐德女郎的愛情會在現實生活中上演，自己的人生中也會出現那樣的愛情。

其實會有夫妻關係或情侶關係不易經營的錯誤刻板印象，主要是受電視連續劇或電影等大眾媒體所影響。這種人人都能成為浪漫愛情故事中的主角，而且過上這種生活才算真愛的思維，都是經由大眾小說、電影、連續劇等媒體灌輸給我們的。我們必須意識到大眾媒體所呈現的愛情關係，以及建立在這個愛情上的男女關係，存在著各種偏見與扭曲的價值觀。這些不僅是不切實際的，也可能對我們在生活中建立的各種人際關係造成極大傷害。

自我擴張能力提升的關鍵

印度問候語中的「Namaste」，是「向您表示尊敬與敬愛」的意思。Namaste 是由古印度梵語「Namah」與「Aste」組合而成，「Nama」意思是「敬拜」或「尊敬」，而「Aste」意思是「存在、非我」。組合在一起，就是「向您內在的神敬拜」、「向您內在的神問候」的意思。自我擴張能力傑出的人，正是在日常生活中向眾人實踐 Namaste 精神的人。

古代聖賢莫不強調人際關係的重要性，可以說是人際關係教育的專家。其實人類過去數千年來，將維繫良好人際關係視為教育最重要的目標。蘇格拉底教我們「認識你自己」，無異於要我們提高復原力第一要素的自我調節能力；佛祖的「慈悲」或耶穌的「愛鄰人」，可以說是要我們提高人際關係能力，建立成熟的人際關係。尤其孔子主張的「仁」，指的正是人際關係最理想的狀態。所謂「仁」，就是永遠以人際關係為前提。只有一個人不可能仁慈。這些教誨的共通點，都是將奠基在自我擴張能力之上的人際關係，視為人性的核心。

從表示「人類」的韓文漢字「人間」裡，包含「間」字這點來看，就能明白人類的本性是以人際關係為前提。成為一個好人，與建立良好人際關係的意思相同。因為只有一個人不可能實現「成為好人」的目標。

當我們建立的每一段人際關係都相當成功，我們的人生也必定是成功的，因為人生本就是我們所建立的人際關係的總和。即使工作上一帆風順，如果與家人或他人關係不和諧，也稱不上是成功的人生。如果說孔子教育的核心——仁、德，是對良好人際關係的泛論，那麼忠（君臣間的人際關係）、孝（親子間的人際關係）、信（朋友間的人際關係）等品德，就是對不同人際關係的專論。

耶穌說：「我賜給你們一條新命令，乃是叫你們彼此相愛。」耶穌沒有給人類許多複雜的命令，也沒有給予各種教誨。祂只強調最重要的一個命令，那就是「彼此相愛」。這就是全部的教誨。由此可見，聖賢教誨的核心，同樣都有對人際關係的強調。

人際關係該從哪裡學

然而進入二十世紀後，現代社會的教育體系中，並未具體教授建立與維繫人際關係的方法。儘管數千年來，人類一直將人際關係視為教育的核心，並且積極教授與學習人際關係，然而在今日的校園內，卻並未對學生實施人際關係教育。

在今日全球所有國家中，都同樣存在科目之間的地位高低。語言與數理相關科目地位經常較高。無論是歐洲、非洲，還是亞洲、美洲，全世界任何國家都一樣。之所以強調語言與數理能力，是因為這是受薪階級必備的才能。孔子、耶穌或蘇格拉底所教導的人際關係的品德，其實是成為領袖必需的條件。然而在現代學校教育中，並不培養領袖。現代義務教育的目的，在於培養受薪勞工。這是國家主導的義務教育的基本精神。

正如英國著名教育學家肯．羅賓森爵士（Ken Robinson）所言，沒道理不把舞蹈或美術放進主要科目。如今我們應當審慎思考，為什麼舞蹈或美術不如數學或語文那樣受到重視？為什麼不能開設相同的修課時數？如果一週數學有五個小時，那麼美術或舞蹈為什麼不能也是五個小時？其實根據多元智能理論，音樂智能、身體動覺智能或視覺空間智能等，都是人類與生俱來獨立的智能，也都是具有同等價值的本能，因此都需要給予訓練與開發。唯有發揮所有的才能，才能活得更幸福、堅強。

現代教育體系最更根本的問題，在於沒有任何一門與人際關係有關的科目或課程。因此學生求學階段結束，進入社會開始職場生活時，總是感到無能為力和莫名的鬱悶。這得歸咎於本該在校園學習、熟悉的人際關係能力，卻沒有機會學到。這些上班族或成人開始想要透過書籍，自學求學階段沒有學到的知識。因應這樣的需求，坊間便出現了所謂自我成長和處世之道的書籍。

走進書店，除了參考書和小說等類型書籍外，最暢銷的莫過於自我成長書籍。其實舞蹈、音樂、體育或英語，可以說都與自我成長有關。可是沒有任何人將這些才藝類書籍、體育類書籍稱為自我成長書籍。今日的自我成長書籍，大多充斥著如何建立良好人際關係、提高內省智能的內容。這些內容本該包含在學校教育內，學校卻沒有教，所以人們只好自發購買相關書籍。不過可惜的是，多數自我成長書籍都是透過書店販售的商品，所以通常有著吸睛的標題和令人眼花撩亂的副標。而且書中有許多未經證實的內容，寫得像是食譜書上的調理方式一樣，好像只要簡單執行就能有所收穫。這些書籍不過是透過看似真實的故事和案例（然而這些案例不少都是虛構的），從中得出普遍的道理，卻說的像是多麼偉大的真理。

如今體制內的教育，也該實施真正的人際關係教育了。二十一世紀也應該效法過去數千年來的傳統，將培養領袖當作教育的核心目標。自我調節能力與人際關係能力的培養，也應該涵蓋在義務教育內。我們必須培養下一個世代的青年，成為擁有強大復原力的全人。他們不應該只是擅長數學、英語的「儲備受薪勞工」，而是堅強、幸福，擁有正面性的「領導人才」。

來自《論語》的啟示

我們的一生是人際關係的總和，而人際關係有賴溝通建立。不是先有關係才有溝通，而是透過溝通才得以建立、維繫人際關係。而讓這種溝通與人際關係成為可能的自我調能力與人際關係能力，有賴於正面情緒。對此，我想以孔子的《論語》為例。

《論語》數千年來一直是東方儒家思想的核心文本，首章由以下內容展開論述：

> 子曰：「學而時習之，不亦說乎？有朋自遠方來，不以樂乎？人不知而不慍，不亦君子乎？」

在《論語》一書中，有直接引用孔子話語的部分，也有引用弟子或其他人話語的部分，而直接引用孔子的話語，就以「子曰」開頭。《論語》首章正是孔子親自教育弟子的內容。

「學而時習之，不亦說乎」的意思，是說無論學習什麼，只要隨時學習，適時運用，就能帶來極大的喜悅。這裡的「之」字，是「學」與「習」兩個動詞的的目的語，所以意思是「學習某件事情，並且時時複習這件事」。是什麼事呢？「之」指的正是這本書，也就是《論語》（孔子的教誨）。換言之，在《論語》一書開頭，強調了學習並時時複習書中孔子的教誨，就是極大的喜悅。而書中的教誨，正是有關人際關係的教誨。也就是說，只要好好學習人際關係，並且時時複習與實踐人際關係，就能變得幸福。

這段話有個字值得一提，那就是「說」，指的是相當高興、幸福的喜悅。意思是學習的目的與結果不在於享受榮華富貴或濫用權力，而是令人感到喜悅的幸福。從《論語》首章開始，孔子便強調學問的目的在於幸福感。

第二句的意思是有朋友從遠方來，同樣令人快樂。換言之，滿心喜悅地學習並複習關於人際關係的教誨，必將出現朋友自遠方而來的喜事，亦可解讀為平時建立良好的人際關係，關係好到朋友願意從遠方前來。「有朋自遠方來」不一定指地理上位處遙遠的朋友，也可以指在理念或思想、政治、社會上較有距離的朋友。換言之，只要學習並實踐《論語》的教誨，那麼在政治上與我立場相反的朋友或是敵對國家的朋友，都將來到我身旁，這自然是令人喜悅的事。

〈學而篇〉首章第一、二句有如此緊密的關聯，第一句的結果正是第二句的內容。不過孔子並不強調朋友自遠方來，能使我們掌握權力或獲得財富，這是《論語》與近來大舉出現的處世心法最根本的差異——我們所享有的只有「快樂」而已。孔子在《論語》首章的第一句與第二句，正是如此強調喜悅與快樂。

接著第三句說：「人不知而不慍，不亦君子乎？」意思是即使其他人不知道我，我也不因此生氣或受到負面情緒的影響，這才是真正的君子。換言之，不僅是朋友，還能與其他不特定人士往來和諧，才是君子。第三句同樣強調和諧的人際關係。

孔子在《論語》首章所強調的，正是「說」、「樂」、「不慍」等正面情緒。在全書開頭，孔子就強調「說」、「樂」等正面情緒是學問的真正目的。學問並非恐懼或負面情緒的來源，而是喜悅與快樂的源泉。懂得享受喜悅與快樂，才是君子真正的面貌；在與他人往來的人際關係中不帶有負面情緒，才是真正的君子。君子就是領袖的理想典範。數千年前，孔子早已洞見領袖能力的本質，在於充滿幸福與正面情緒的人際關係。試想孔子在教導學生這些道理時，會是什麼樣的表情？也許正帶著開朗的杜鄉微笑吧！

朋友關係的重要性

常言道：「想要認識一個人，先看他的朋友。」孔子在《論語》中也多次強調朋友關係。從一個人的朋友關係來看，便可以了解這個人的自我擴張能力。朋友關係是完全自發的關係。朋友關係與其他類型的人際關係不同，不受生理上、法律上或特定條件的束縛或侷限。

獲得朋友最簡單的方法，是對他人表示關心。相較於花兩年的時間努力讓別人注意到自己，不如花兩個月對別人表示關心，後者反而能收獲更多的朋友。不過，我們需要學習如何對他人表示體貼或關心。女性大多願意袒露一切，給予精神上的支持，藉此與對方親近，維繫彼此的友情，不過男性並不輕易袒露內心。

男學生一起搭公車長達三、四十分鐘，也不太與對方聊天；反之，女學生則一路聊天到下車。男性只從訊息傳達的層面來看待溝通，而女性認為對話不只是單純的訊息交換，也是為了確認彼此的關係。女性可以只為了聊天而見面，男性則幾乎不可能。無論是打高爾夫、下圍棋，還是喝酒唱歌，男性的見面必定是為了一起進行某種活動。然而隨著年紀增加，男性越覺得這些活動無趣，而隨著活動逐漸減少，朋友關係也漸行漸遠。

曾有研究指出，男性壽命比女性更短的原因，在於男性沒有朋友，活得較為孤單。甚至也有調查結果指出，無論男女，年紀越大，越喜歡與同理能力較好的女性朋友往來，與男性朋友的友情則相反。意思是上了年紀後，男女性都更需要女性朋友，也代表著上年紀的男性不受任何人歡迎，因此男性在年輕時應盡可能結交要好的朋友。

年紀越大，朋友越重要。研究顯示，相較於和親戚或子女關係親近的老人，和朋友往來密切的老人更健康、壽命更長。想要活得長壽，不必急著買保險，而是要多結交朋友——尤其能互相鼓勵，給予精神上支持的朋友，更是多多益善。

根據一項有關朋友關係的腦部研究指出，看見好友時，人類大腦有三個部位變得活躍，並且與酒精成癮者看見酒瓶而興奮激動時，大腦活躍的部位一致。可見對我們而言，好友是相當特別的存在[35]。再沒有像好友那樣，能刺激我們的大腦轉向正面狀態的了。

據說與好友在一起，人類平均多笑三十倍以上。每次見到好友，我們總像回到美好的童年時光。自我調節能力與人際關係能力較強的人，善於建立與維繫親密的關係。當人生遭遇困難時，朋友是能帶給我們情緒上支持的堅強後盾。從小結交許多好友，能使我們更加幸福、堅韌。好友能提高我們的溝通能力、同理能力、自我擴張能力，而藉由提升後的人際關係能力，又將使我們結交更多的朋友。這樣的良性循環將大幅提高復原力。

PART 5

提升大腦的正面性

復原強者對自身的錯誤抱持正面態度。

他們的大腦已經習慣當機立斷、直面挑戰，因此樂於追求創新。

這種對自己的失誤相當敏銳，卻不害怕犯錯，正是高復原力的特徵。

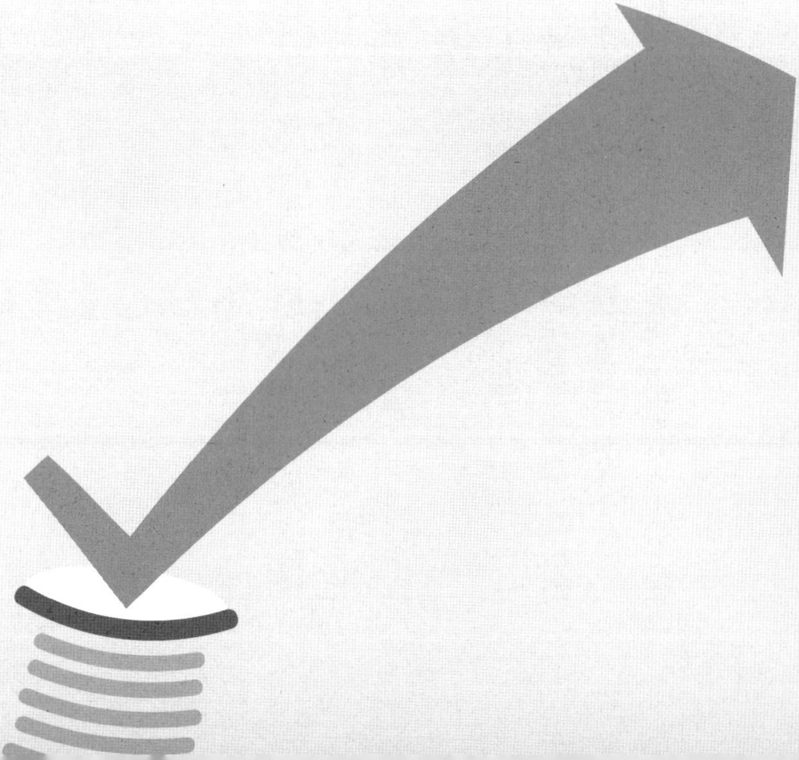

練就正面腦

我們幸福嗎？

想要擁有強大的復原力，說到底需要兩種能力。一種是自我調節能力，另一種是人際關係能力。想要透過後天努力提高復原力，就必須提高自我調節能力與人際關係能力，而培養這兩種能力的，正是正面情緒。意思是只要養成正面情緒，就能主動讓自己變得幸福，進而提高自我調節能力，並且透過與他人分享自己的幸福，提高人際關係能力。

幸福是一種能力。幸福是透過正面情緒將自己帶往夢想天地的能力，也是藉由與他人分享幸福，建立和諧人際關係與成功人生的能力。既擁有正面情緒，又懂得主動營造幸福，帶給他人幸福的人，必定具備強大的復原力。想要擁有正面情緒，必須將大腦轉變為正面腦。

看見杯子裡的水半滿，負面的人會說「水只剩一半」，正面的人會說「水還有一半」，這

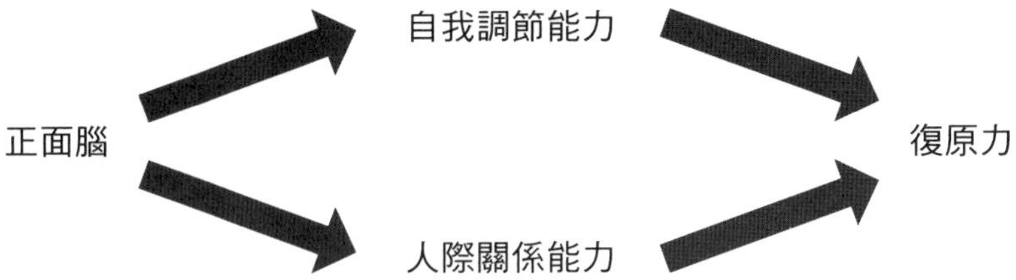

是我們耳熟能詳的故事。但是如果告訴自己：「以後我要正面思考，要說水還有一半」，就能立刻成為正面的人嗎？同樣地，看到滿身肌肉、充滿魅力的人，心裡暗自決定「我以後也要練出像那樣的好身材」，就能立刻變成那樣嗎？

想要擁有滿身肌肉，必須先降低體脂肪，努力鍛鍊肌肉；同樣地，想要成為正面樂觀的人，必須先養成削弱大腦的負面迴路、強化正面迴路的習慣。想要成為性格正向的人，必須藉由持之以恆且有系統的努力鍛鍊正面性。

學者們認為，正面性的自我調節能力好比一種肌肉，每個人擁有的量不同，可以堅持的時間長短也各不相同[1]。所以要鍛鍊這個名為自我調節能力的「肌肉」，必須在適當的負荷下「訓練」，不過也要特別注意，別因為太勉強而造成精神上的肌肉疲勞或傷害。

根據腦科學研究指出，大腦處理負面情緒和正面情緒的部位不同，分泌的神經傳導物質也不同。因此，即使面對相同事件或事物，正面的人和負面的人也會以不同的方式使用大腦。對正面的人而言，正面情緒已經烙印在大腦，成為根深蒂固的習慣，通常幸福基準線較高，復原力也較強。人腦具有可塑性，因此即使上了年紀，只要透過反覆的練習，也依然可以改變。

然而韓國人的正面情緒水準相當低，到了令人憂心的地步。正如〈我想知道真相〉節目所呈現的，韓國人的復原力水準同樣低落。更大的問題，在於正面情緒的水準正急速惡化。

一個國家的自殺統計，明確顯示了該國人民的精神健康與幸福的水準。韓國從數年前開始，藝人等名人的自殺消息便經常出現在新聞報導上。為什麼明星會飽受憂鬱症之苦，甚至選擇走上絕路呢？其實這不只是明星才有的特殊問題，只不過因為是明星，自殺消息透過新聞傳開而已。潛藏在我們社會中的自殺與憂鬱症，正以令人驚訝的速度急遽增加。透過網路號召的集體自殺，也像是流行一樣蔓延開來。政府為了找出預防自殺的對策，忙得昏頭轉向，卻只是徒勞無益。自殺者大多患有憂鬱症，尤其進入千禧年後，韓國憂鬱症患者人數與自殺率增加的趨勢更大幅上升。

韓國每十萬人口的自殺率為三十一人，是交通事故（十五・五人）的兩倍。這個數字世界第一，是以高自殺率聞名的日本的一・五倍、希臘的十倍，和全部OECD國家的平均（十一・四人）相比，也逼近三倍。直到一九六〇年代中期，韓國自殺率仍維持每十萬人不到十人的數字。然而在過去十年之間，足足激增三倍之多，晉升世界第一的自殺國家。自殺率如此快速增加的趨勢，在世界各地都難以找到類似案例。這是千禧年代以後，韓國人的精神健康快速惡化的決定性證據。在遭遇逆境或困難時，韓國人的心靈肌肉絲毫沒有小皮球般堅韌的復原力，反倒像是玻璃球般脆弱，稍有不慎就裂成碎片。

尤其十多歲與二十多歲的自殺率排名世界第一，更是相當令人憂心的統計數據。韓國二十多歲年輕人死亡原因的第一名，既不是疾病，也不是事故，而是自殺。年輕人的精神狀態正逐漸染上重病的國家，豈有未來可言？青少年自殺率的激增，完全是上一代的錯誤。錯誤的教育制度與價值觀的灌輸，將孩子們推向萬劫不復的深淵。孩子們因為大人而走向死亡。

專家們認為自殺最大的原因在於憂鬱症。憂鬱症翻譯自「depression」，這是相當容易引起誤會的錯誤翻譯。許多人誤以為憂鬱的情緒或鬱悶的心情，是憂鬱症的主要症狀。我認為倒不如把 depression 翻譯為「無力感」更好。那種像是被某種東西重壓，身體和心靈都動彈不得的狀態，就是憂鬱症。憂鬱症的關鍵是感到無力、無法專注在一件事情上，認為自己毫無價值且自責。尤其是青少年，不只會有無力感的症狀，也經常出現容易受刺激的高敏感反應，表現出失控的憤怒宣洩或厭煩、叛逆行為。

憂鬱症是神經傳導物質缺乏導致的腦部疾病，不是轉念追求內心的喜悅，就能得到治癒。換言之，憂鬱症是必須接受治療的腦部疾病。為重度憂鬱症或失智症患者拍攝腦影像，可以看見腦室比正常人要大，而大腦實際的部分卻嚴重萎縮。

除了憂鬱症之外，韓國失智症與焦慮症患者正以全世界最快的速度增加。自殺、憂鬱症、失智症、焦慮症等疾病的驟增，顯示韓國社會正深陷嚴重的不幸福感之中。

唯一的希望，是訓練人們深受悲觀主義與憂鬱症之苦的大腦，試著提高其正面性。思考如何提高正面性，並非有錢有閒或奢侈的煩惱，而是攸關許多人生死的迫切問題。為了我們的青少年和國人，務必要幫助他們克服可能致命的負面情緒，為他們可能發展成憂鬱症的精神狀態帶來一線生機。

提高幸福基準線

幸福的自動調溫器

丹尼爾・吉伯特（Daniel Gilbert）教授是哈佛大學最著名的心理學教授，卻也曾是徬徨無助的少年。高中就退學的他，可謂名副其實的「玩咖」。十九歲已經結婚，也有了孩子，必須工作賺錢養家。他每天晚上努力寫小說，只為了一圓科幻小說家的夢。但是他從沒有上過作文課，連拼字都寫錯。某天，他直接找上附近社區大學，但是作文課已經額滿。無奈之下，他只好詢問其他可以選修的課，得到的回覆是「心理學」。

對心理學毫無概念的他，心想：「好吧，這應該是跟精神不正常的人有關的課吧。我的小說未來也許會寫到瘋子也不一定。」於是選了這門課。

這就是他人生的轉折點。他發現，原來心理學不只跟瘋子有關，而是與我們所有人習習相關的學問。他之所以著迷於心理學，是因為心理學解決的正是他平時感到困惑的問題，包括心理與心理的本質、人類經驗的本質、人類主體性的問題等。他後來越發著迷心理學，努力透過科學實驗尋求哲學問題的解答。無論如何，在第一堂課後，他又修讀了幾個心理學課程，甚至考上大學、從研究所畢業、取得學位，最後成為美國最著名的心理學家之一。

吉伯特教授指出，人們總是誇大特定事件對未來的幸福感（或不幸福感）造成的影響。例如美國大學的年輕教授在接受終身教職的審查前，大多堅信終身教職審查將會澈底改變自己的人生。然而吉伯特教授發現，在終身教職審查結束經過數個月後，無論是通過審查的人，還是沒有通過審查的人，都回到自己原本的幸福水準。

我在一九九七年於美國賓夕法尼亞大學取得博士學位，獲得波士頓大學任用為助理教授。正如美國大多數名校新進教授一樣，這是六年後必須接受終身教職審查的教授職位。美國大學教授的終身教職審查向來以嚴格聞名，必須撰寫大量論文，教學評鑑也要得到高分，才能通過。這個過程儘管辛苦，不過一旦取得終身教職，之後就能穩定從事研究活動。如果沒能通過，就必須收拾包袱走人。面臨終身教職審查的助理教授，其壓力可想而知。他們正站在人生的叉路上，是留下來一輩子游刃有餘地做自己的研究，還是出去找其他工作，淪為漂泊無依的失敗者。這也是研究所博士課程與助理教授期間累積共十餘年的努力，即將見分曉的時刻。因此，助理教授往往誤以為只要通過終身教職，就能得到一生的幸福。我也是如此。

吉伯特教授證明了這完全是錯覺[2]。他針對西北大學數十名即將面臨終身教職審查的助理教授，檢測其幸福水準。這些助理教授一致認為只要取得終身教職，就能獲得極大的幸福，也期待這個幸福感將持續很長一段時間。反之，如果得不到終身教職，他們將會感到巨大的不幸，而這個不幸福感也將維持許久。

在終身教職結果公布後，吉伯特教授立刻找上他們，再度檢測他們的幸福水準。當然，獲得終身教職的教授幸福水準相當高，失敗的教授陷入極大的不幸和失意中。然而數個月後再次檢測他們的幸福水準，結果如何呢？令人驚異的是，通過終身教職的教授幸福水準重新回到接受審查前的幸福基準線。也就是說，取得影響教授一生的終身教職所帶來的幸福感，在忙碌的備課與研究生活中，宛如冰雪融化般消失殆盡。至於未能通過終身教職審查的教授，至少在五年後，也都回到原本的幸福水準。原本被視為生命中重大事件的終身教職審查，對人們幸福與不幸的影響最多不過數個月到數年而已。

豈止是面臨終身教職審查的教授如此？在日常生活中，我們經常受制於這種錯覺，誤以為只要實現目前的願望，就能變得無比幸福。滿心期待通過大考的應屆考生、住進小套房日夜備考的國考生、面臨升遷的上班族、即將晉升的軍人、向心儀異性告白的年輕男女、誠心祈禱彩券中獎的人們，這些人都深陷幻想中，以為只要達成心願，就能永遠過上幸福的生活。然而吉伯特教授告訴我們，這一切不過是幻想。無論是否實現了自己的願望，要不了多久，我們就會回到原本的幸福水準。

有些人一到選舉，看見自己支持的候選人當選，覺得最大的幸福莫過於此，然而看見反對陣營的候選人當選，立刻吵著要離開韓國。這些人都誇大了選舉結果對自己的幸福感造成的影響。例如二〇〇四年的美國總統選舉，小布希支持者深信只要小布希當選總統，就能迎來幸福的人生，然而在選舉結束不到一個月，他們已經回到原本的幸福水準。自己支持的候選人即使當選，也不會變得更幸福；即使落選，也不會變得更不幸。

心理學家也曾對彩卷中獎人進行過研究。心理學家菲利普・布里克曼（Philip Brickman）與其同事發現，彩券中獎人的幸福水準與一般人沒有太大差異。當然，中獎的瞬間肯定非常興奮，不過這個效果幾個月後就會消失。

不幸的事情也是如此。遭逢交通事故而變成身障者的幸福水準，也與一般人相差無幾。儘管他們在事故發生後也感到巨大的不幸，不過經過一段時間後，依然回到原本的幸福水準。

這一系列研究告訴我們，「人生中的某個事件將決定我們一生的幸福」是錯誤的想法。另一項研究以數百名十八歲到六十歲的成年男女為對象，持續進行二十年的研究，結果顯示，每個人都具有各自的幸福基準線，並且大致維持這個水準。失去配偶或與配偶離婚時，結婚或者生下孩子時，這兩種不幸福感與幸福感的效果都只是一時的。我們只是暫時陷入幸福感與不幸福感中，接著重新回到自己原本的幸福基準線。

吉伯特教授在許多研究中同樣發現以下的事實：無論是人際關係中的衝突、體育競賽中的輸贏結果，還是情人提出分手，任何事情對我們的幸福感帶來的影響力，在當下的確相當真實、強烈，然而經過一段時間後，人們會發現這些事情比預期來得渺小，也很快船過水無痕。

請暫時閉上眼睛，試著找出你心中目前的煩惱或擔憂。並且思考你現在煩惱或擔心的事情，一年後是否依然會持續？現在煩惱的事情，十之八九一年後甚至想都想不起來。不相信嗎？那麼，還記得一年前的你有什麼煩惱嗎？

人生中大大小小的事件，不過是讓我們暫時感到幸福或不幸而已。每個人都擁有堅強的韌性，經過一段時間後，必定會回到自己原本的幸福水準。心理學家稱之為「幸福的自動調溫器」（參見圖7）。

原本活潑開朗的人幸福基準線較高，憂鬱陰暗的人幸福基準線較低。以這個基準線為中心，好事發生時暫時感到幸福，壞事發生時暫時變得不幸，不過經過一段時間後，都會重新回到自己的基準線上。因此想要變得更加幸福，就必須提高個人的幸福基準線。透過正面情緒的

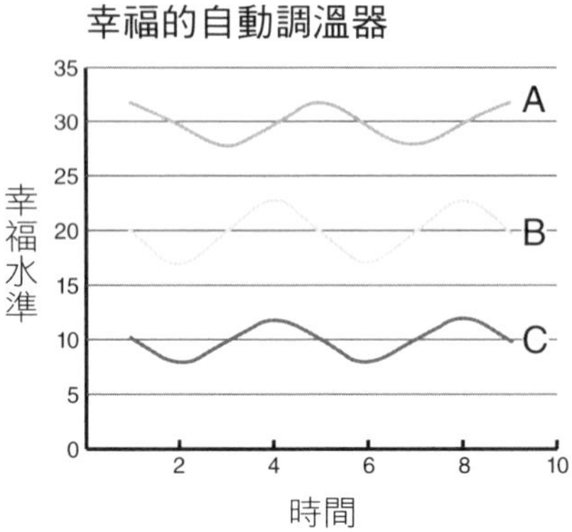

〈圖 7〉A、B、C 分別代表 30 度、20 度、10 度的幸福基準線。儘管線條因為好事、壞事的發生出現波動，不過長期來看，都維持在各自的基準線上，因此提高基準線才是最重要的。

訓練，將大腦轉變為正面腦，指的就是提高這個幸福基準線。唯有提高幸福基準線，才能持續提高正面情緒，最終增強復原力。

幸福基準線能提高嗎？

在許多有關獲得幸福的書籍中，賣得最好的依然是自我成長書籍。就拿理查德・卡爾松（Richard Carlson）在全球賣出數千萬本的經典暢銷書《快快樂樂過一生》（*You Can Be Happy No Matter What*）來說，心理學家索妮亞・柳波莫斯基（Sonja Lyubomirsky）[3]與其同事曾直言，理查德・卡爾松這類自我成長書籍無法回答以下問題：在書中介紹的許多方法當中，哪一種效果最好？哪一種原則更適合哪一種類型的人？這些原則的效果和「安慰劑效應」是否相差無幾？還有，就算理查德．卡爾松這種幸福處方能讓人們變得幸福，這個效果能維持多久？總結柳波莫斯基團隊的批評，許多像理查德．卡爾松這種要人們這樣做、那樣做的自我成長書籍，不過是把聽起來煞有介事的「幸福處方」羅列出來而已，實際上這些幸福處方並未證實具有明確的效果。

想要提高幸福基準線，必須使用經科學實驗證實的方法。自我成長書籍不過是放進一堆優美詞句和毫無根據的智慧小語，所以請暫時放下自我成長書籍，使用許多心理學家與科學家經由實際研究結果證實的方法。幸好從二十一世紀開始，許多以正向心理學為核心的實證研究正如火如荼展開，紛紛提出各種提高幸福基準線的方法。

幸福基準線最初由遺傳因子所決定。有人生來個性正面開朗，也有人天生性格負面陰沉。不過一項針對雙胞胎的長期追蹤研究發現，幸福水準只有一半機率由遺傳決定[4]。該研究也證實，幸福基準線可以透過有系統的努力無限提升。透過持之以恆的運動，天生體弱多病的人能變得健康；透過不斷的訓練，音癡能唱出優美的歌聲。同樣的道理，透過有系統的訓練與堅持不懈的努力，幸福基準線也能無限提升。

大腦懂得自我改變

腦科學家將大腦的可變性稱為「可塑性」，意思是人類的大腦就像柔軟的黏土或塑膠一樣，可以變成各種造型。人類的大腦不是如同電腦般硬梆梆的機器。大腦各個部位負責的區域大致已經固定，不過也可以視情況隨時改變。延世大學影像醫學系朴海正教授發現，後天失去視力的視障者，其視覺皮質轉為處理聽覺訊息[5]。意即原本負責視覺的大腦部位，在失去處理視覺訊息的任務後，自行轉變為處理聽覺訊息的部位。

關於大腦的可塑性，諾曼・多吉（Norman Doidge）在《改變是大腦的天性》（*The Brain That Changes Itself*）一書中詳細介紹許多案例。根據多吉的看法，「年紀大了，腦袋變遲鈍」的想法大錯特錯。我們的頭腦一輩子都不會遲鈍。在嚥下最後一口氣之前，我們的大腦仍持續改變。腦細胞不再新生的想法，也是錯誤的謠傳。即使超過八十歲，腦細胞仍會持續增生。只要與大腦有關，任何「改變已經太晚」的想法都是錯誤的。

例如建築師法蘭克・洛伊・萊特（Frank Lloyd Wright）在九十歲設計了古根漢美術館；班傑明・富蘭克林在七十八歲發明雙焦眼鏡。研究創造力的雷曼（H. C. Lehman）與迪恩・基斯・塞蒙頓（Dean Keith Simonton）發現，多數領域創造力達到巔峰的時期為三十五歲至五十五歲，而六十多歲至七十多歲的人工作速度雖然緩慢，生產力仍像二十多歲一樣高。最有名的當屬大提琴家帕布羅．卡薩爾斯（Pablo Casals）的小故事。他在七十一歲的時候，一位學生問他：「老師，為什麼您繼續練習呢？」卡薩爾斯答道：「因為我的演奏實力還在進步啊。」

我們將幸福基準線高的人稱為樂觀的人。樂觀的人相信無論面臨什麼狀況，總有一天能看見曙光。例如身體會更加健康、不容易罹患憂鬱症；業績表現會更好，工作生產力也將提高等。然而樂觀的定義，與不切實際、不顧客觀危險性的樂天主義截然不同。

樂觀的人相信自己能完成某些挑戰，並且願意積極向自己能力之外、日常之外的世界探索。樂觀的態度使人不畏懼挑戰新的事物，拒絕安於熟悉的現實生活與日復一日的日常，並且樂於主動踏入新的領域。

缺乏樂觀而心態悲觀的人，最大的特徵在於過度擔憂他人負面的目光。一旦陷入「好像所有人都在看我、詆毀我、嘲笑我」的錯覺，他們的悲觀程度就會急遽增加。

人際關係出現許多問題的人，大多帶有這樣的悲觀心態。這些容易煩躁、生氣、缺乏自信、瞬間來回於極度優越與極度自卑之間的人，共通特徵都在於對他人的目光過度敏感。正面的人發現他人關注自己時，反倒更有精神、活力，發揮出更強的能力；負面的人意識到他人關注自己時，反倒更加緊張、煩躁、憂慮、陷入悲觀的情緒中，導致無法發揮原有的能力。

對他人目光過度敏感的人，不妨想想千元紙鈔。即使被踩踏、發皺，甚至破損，紙鈔的價值依然不變。請記住無論別人怎麼說，我依然是我。即使別人批判我、詆毀我，我的價值或存在本身也不會改變。越是敏感的人，越需要努力成為個人意識鮮明的自由靈魂。自由的人正是強大的人。這也是前面提到的《論語》「人不知而不慍，不亦君子乎」的精神。

此外，這也是將控制點放在什麼地方的問題。心理學中所說的控制點（locus of control），指的是對於發生在自己身上的事情或個人行為的原因，主要從內在尋找還是向外在尋找的思考方式。

悲觀負面的人，傾向於向外在尋找控制點。他們相信自己的行為，是受到外在事件影響而無可奈何做出的自動反應。這些人講述的故事經常強調被動性：「是你（或者那些東西、那些人）讓我生氣的。我也無可奈何。」這類人無法成為自我生命的主人，經常以被動的態度面對人生。

反之，樂觀正面的人具有高水準的自律性與自我效能，因此經常從內在尋找控制點。他們自信地認為，只要我肯努力，就能將眼前發生的事導向我預期的方向。唯有這樣的人，才是主動操控自我生命的人。

發掘自己最大的優點

為什麼必須專注於優點？

前面提過的〈我想知道真相〉節目，曾對廣播學院四十六名學生檢測其復原力指數。這些學生年齡都在二十歲中後。節目選出復原力指數最高的兩人與最低的兩人，進行腦波實驗，其結果在本書第二章有說明。腦波實驗結束後，我對受試者進行深度訪談。復原力指數最低的兩人都是女性，有相當嚴重的悲觀心理。她們活在巨大的恐懼之中，擔心身邊的人看不起自己、說自己閒話，並且習慣站在他人的觀點來看待自身的缺點。為了培養她們的正面情緒，當務之急是讓她們學會正面看待自己。

想要提高幸福基準線，培養樂觀心態，最重要的是先發掘自己的優點，並且在日常生活中不斷發揮這個優點。只是我們從小受到的教育，都是專注於自己的缺點，努力改善這個缺點。

現代教育體系的目標，在於培育素質平均的公民。訓練出一位在各方面水準平均、具備平凡素養的人，是教育的第一要務。

我們受到的教育，不是強調哪方面表現得更好，而是被迫在任何方面都不落人後，因此，被洗腦的我們不斷將目光放在自己的缺點和不足之處。在求學階段，我們只在意什麼科目成績不好；長大成人後，也只想著如何補足自己的弱點，這樣的強迫觀念深深折磨著我們。我們的學校教育將許多創意十足、能力無限的孩子，訓練成思考僵化、無能，深陷自卑的成人[6]。

再說韓國女性在家庭或校園中，少有機會接受專長教育。女性被要求百依百順、平安長大即可。換言之，她們一直以來接受的教育，都是不應該有明顯的弱點，也不必有特別好的表現。這正是要求學生以批判、負面的目光反省自己的教育。只強調「彌補缺點」的教育，必定是悲觀主義的源泉。

在整體復原力的平均分數上，男女並沒有太大的差別，不過在復原力最低和最高的組別中，都是女性比男性多，這點頗值得注意（女性先天復原力較男性高）。這是因為女性在主動建立人際關係，維繫親密關係的能力上，原本就比男性要來得好。

專注自身缺點，並且彌補缺點的方法，既非自我成長，也不可能得到幸福。即便這個方法行得通，頂多也只能成為平凡的人而已。唯有持續開發個人的潛力，才能在現實生活中派上用場。然而這個社會卻不顧我們的優點，阻礙我們的成長。在韓國，說出自己的優點被視為「誇耀」，是遭到禁止的，甚至讚美對方「你真了不起」，也變質為嘲笑或批判的意思。

近來正向心理學的研究成果，反倒提倡多專注於優點而非缺點。回顧人類的歷史，可以知道締造重要成就的人，都是專注於自身的優點，並且將其發揚光大的人。奧運金牌選手或諾貝爾獎得主自然不必說，其他在學術或文化藝術領域締造亮眼的創造性成就的人，共通點都在於專注於自己的優點，並且將優點發揚光大[7]。

無論如何，幸福真正的關鍵在於發現並發揮自己的優點。利用自己擅長的優勢贏得喜悅、成就與價值，才是真正幸福的人生。活出一展長才的人生，將可以逐漸提高幸福的基準線。

成長的標準不是身旁的人，正是我們自己。我們的目標應該是持續提高正面性的水準與復原力，使未來的水準高於當下這一瞬間。在各種提高復原力的正面性訓練中，效果最全面且經由科學證實的，正是品德與優點的開發。

塞利格曼教授在其名著《真實的快樂》中強調，唯有在日常生活中澈底發揮個人的品德與優點，才是達到真正幸福的唯一途徑。正向心理學發現，歷史上許多被人類視為幸福來源的喜悅與快樂，不過是暫時性的外在事件。這些喜悅與快樂縱使可以帶給人們短暫的幸福，也無法提高幸福基準線。由於無法將大腦重新配線為正面迴路，因此也無法鍛鍊復原力所需的心靈肌肉。

根據塞利格曼教授的主張，想要提高幸福基準線，必須先了解自己具有什麼優點，並且努力在日常生活中持續發揮這個優點。唯有發揮優點，才能獲得真正的成長，也才能練就正面腦。克服逆境與考驗，締造偉大成就與傲人成果的人，其共同特徵都在於從小專注於自己的優點，不斷強化自身優點。這是正向心理學最重要的發現。

透過最大優點的發揮提高復原力

如果你已經發現了自己最大的優點❼，現在該做的，便是在日常生活中持續發揮優點。正如正向心理學創始人塞利格曼教授所強調的，發揮優點才是達到真正幸福的明確途徑，也是提高吉伯特教授所說的幸福基準線的唯一方法。

以下將透過我個人的案例，來具體說明如何在日常生活中發揮優點。我曾經利用協助發現優點的測驗，得出自己四個最大的優點，分別是「學習慾望、洞察力、審美眼光與熱情」。為了在日常生活中盡可能落實與發揮這四個優點，以下幾點是我持續努力的方向。

首先是學習欲望，我的主力放在學習新的事物，開發新的研究主題。比起總是以相同主題開課或研究，我更致力於保持對不同主題的廣泛興趣，督促自己持續學習。為此，我不僅偶爾旁聽其他系的課程，甚至視情況申請正式旁聽，整個學期和學生們一起上課。

第二個優點是洞察力。為了持續磨練洞察力，我投入不少時間與學生進行面談。對於向我預約諮詢人生或出路的學生，我會另外撥出時間傾聽他們的故事，根據我的經驗給予建議。比起和許多學生簡短交談，我更願意和有重大煩惱的學生進行長時間的深入面談。通常和我進行過這種深度面談的學生，即使在畢業或就業後，也會持續來訊問候。

第三個優點是審美眼光。為此，我重新開始撰寫美術評論。直到數年前，我仍持續從事美術評論的工作，不過近幾年來投入所有時間在研究與撰寫論文，美術評論活動只得中斷。不過既然知道審美眼光是我的優點之一，我未來打算投入更多時間在美術評論上。當然，我也努力結合自己的研究與美術評論。如果能成功將平時從事的部分研究，和能夠發揮我審美優點的美術評論或媒體藝術活動銜接在一起，必能帶來一石二鳥的效果。

第四個優點是熱情。為了發揮熱情，我不斷思考如何更有熱情地將自己投入到課程中。我相信積極從事研究或授課，不只是為了我一個人的事情，更是為我所屬的機構服務的最佳機

❼ 進入塞利格曼教授的網站 www.authentichappiness.org，任何人都能免費檢測自己的優點。

會。這與人生的意義也有直接相關。我為此付出的一項努力，便是新開設一門有數百名學生的大型通識課。其實修課學生越多，教學評鑑分數勢必越低，教師也得花更多時間與努力批改作業和計分。不過對我而言，課程的意義不在於我能獲得多少，而是將我所擁有的知識傳授給更多人的機會。這是我發揮熱情的管道，也是我獲得更大幸福的途徑。

以上介紹的發揮優點的方法，是根據我身為大學教授的職業所設定。相信本書讀者都能根據自己的生活方式與所處情況，思考出能發揮自己最大優點的實際方法。

正如前面介紹的伊森教授團隊所做的實驗，光是給予幾顆糖果或觀看喜劇節目引發的正面情緒，就足以提升人們的認知能力與創造力、問題解決能力、人際關係能力等。然而優點的發現與持續發揮，卻能引發更巨大的正面情緒，這是單純給予糖果所無法相比的。

檢視自己的優點，認識自己的優點，並且嶄露自己的優點，那麼從這一刻起，你將能發揮令人驚訝的能力。面對入學考試、面試、重要簡報等「任務」時，能夠認識並檢視自己的優點，藉此引發正面情緒的人，必能發揮超乎自己預期的能力。換言之，這個方法能提高復原力第一要素的「自我調節能力」。

不僅如此，根據研究證實，優點的發現與發揮也能直接提高復原力第二要素的「人際關係能力」。與他人一起分享幸福，就是良好人際關係的關鍵。人類本能地喜歡讓自己感到幸福的人，並且願意追隨這個人。由此可見，優點的發現與發揮能帶來真正的幸福，如果能幫助身旁的人發現並發揮他們的優點，那麼我們就能自然而然發揮人際關係能力與領導能力。

根據塞利格曼教授的說法，夫妻或情侶絕對不會離婚或分手的祕訣，就在於發現對方的優點，並且協助對方發揮優點（如果想要與對方分開，不妨反向操作，揭開彼此的缺點並加以攻擊即可）。假設另一半或情人的優點是喜歡作畫或彈奏樂器（審美眼光），應積極協助並鼓勵他們學習繪畫或樂器。對於優點是好奇心與學習慾望的另一半，也可以多留意及幫助他們參加演講、購買相關書籍閱讀。塞利格曼教授保證，只要夫妻或情侶之間努力掌握彼此的優點，在日常生活中多留意機會讓對方發揮優點，兩個人就絕對不可能分開。這樣的主張，與高特曼教授過去數十年來研究數千對夫妻與情侶的結果一致。

不只是在夫妻或情侶之間，才能看見優點的發現與發揮所具有的真正價值。優點的發現與發揮也是父母必須為子女所做的努力。父母們必須仔細找出孩子的優點，幫助孩子發揮優點才行。即使是朋友之間，如果能主動告訴對方他們的優點，幫助他們發揮優點，必定能收獲許多友情。

優點的發現與發揮也是導師必須為導生所做的核心指引。優點的發現與發揮是一個人成長的最基本方式，正如馬斯洛所言，人類唯有在能夠成長，或是看見成長的可能性時，才會感到幸福。懂得發現下屬或同事的優點，並且幫助他們發揮優點，那麼無論身處哪一個組織，你都能成為真正的領袖。當員工遇見發現自己的優點，並且願意幫助自己成長的上司，肯定會發自內心尊敬這位上司，並且願意一輩子效忠，因為這樣的上司為自己帶來真正的幸福。其實所有的忠心都源於此，一時的博取歡心難以換來他人的忠誠。

由此可見，優點的發現與發揮是從根本提升自我調節能力與人際關係能力的最佳方法。這不僅是持續鍛鍊「復原力」的方法，也是經由科學證實能提高復原力的唯一方法。

當然，正如鍛鍊身體的肌肉需要花費一定的時間，心靈的肌肉也不是一時半刻就能練成。一項研究讓受試者在日常生活中發揮自己最大優點，並檢測其效果，結果顯示，在訓練結束後或一週後，正面情緒只增加了細微的效果，然而在一個月後，增加的幅度相當顯著，甚至經過六個月後，效果依然持續。（參見圖8）。換言之，發現優點的訓練效果至少要到一個月後才開始出現，而效果與其他引發正面情緒的實驗不同，能持續六個月以上[8]。

塞利格曼教授多次強調，發現自己的優點，深入檢視這個優點，並且在日常生活中發揮優點，才是達到真正的幸福最明確、最快速的途徑。就從今天起，努力在日常生活中發揮優點吧。如此一個月後，你將會感受到正面性的提升，也將能一步步邁向更強大的復原力。

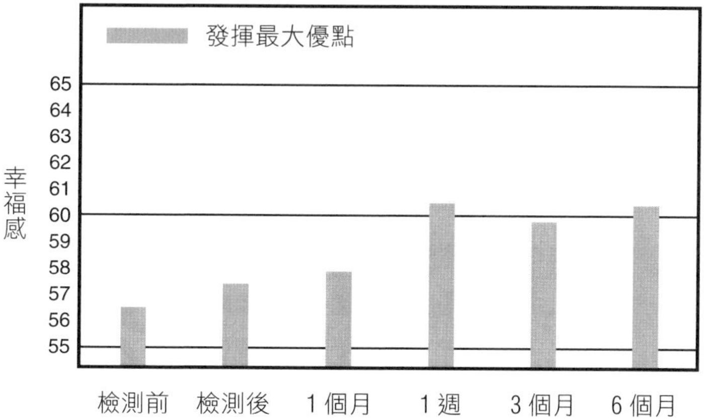

出處：Seligman, Steen, Park & Peterson(2005).

〈圖 8〉

提高復原力的兩個習慣

確實提高大腦正面性的方法

想要藉由正面情緒的提升強化復原力，最基本的方法是目前為止所介紹的「最大優點的發現與發揮」。關於優點的發揮與正面腦的訓練，我想再額外介紹兩個方法。這兩個方法分別是對心靈和身體有益的好習慣，一個是「心存感恩」，是有益心靈的好習慣，另一個是「規律運動」，是有益身體的好習慣。

心存感恩與規律運動能讓一個人變得更正面，這是無人不知，無人不曉的常識。不過心存感恩與規律運動是經過什麼樣的過程，才將我們的大腦改變為正面腦的，這個謎團直到最近才開始被揭開。我將會利用最近的研究成果，介紹該用什麼方法進行感恩訓練與規律運動，才能達到最大的效果。優點的發揮如果能與感恩訓練、規律運動同時進行，那麼再怎麼負面、悲觀的人，從第三個月開始，將會確實轉變為正面腦，復原力也將大幅提高。

心存感恩的驚人力量

心理學發現的正面情緒提升方法五花八門，例如冥想、行善、回想人生中的好事與回憶、專注於擅長的事等。各種訓練法不斷被提出，同時也被證實具有一定的效果。不過在過去十餘年來，正向心理學所發現的各種正向性提升訓練中，經實驗證實效果最好的方法，就是「感恩訓練」。

在正面性的提升上，感恩是效果最強烈也最持續的方法。部分學者深深著迷於感恩的強大力量，開拓出名為「感恩心理學」（The Psychology of Gratitude）的新興學科，積極為感恩的效果建構理論[9]。

尤其感恩訓練的效果更經過神經心臟病學的證實。自古以來，人們都相信心靈位於心臟，這是因為情緒或內心的變化，與心率變化習習相關。在大腦的功能逐漸被揭開後，有一段時間人們以為心臟是被動接收並執行大腦命令的器官。不過隨著近來神經科學的發達，人們才了解心臟是相當獨立的神經器官，就像大腦一樣，能獨立判斷，也能處理與發送神經訊號。

心臟猶如大腦，是擁有知覺能力的器官，其獨立的神經系統能編碼及處理神經訊息。由於心臟有別於大腦，是能獨立學習、記憶，並且自主做出功能判斷的器官，因此又被稱為「心腦」（heart brain）。將心臟視為一個神經器官進行研究的神經心臟病學[10]，已經成為一門頗具規模的學科了。

根據神經心臟病學的主張，心臟與大腦彼此密切溝通與傳遞訊息。心率雖然受大腦的判斷而改變，不過心臟發出的特殊信號也會影響情緒或認知能力。尤其情緒的變化受到心率變化極大的影響，也有不少人因為心臟脆弱而造成心律不整，進而導致個性神經質且容易感到厭煩。換言之，並非生氣才導致心律不整，而是心律不整才導致當事人不安、煩躁。

許多統計指出，容易生氣的人罹患心臟病的機率越高，其實與其說生氣使人罹患心臟病，不如說是因為心臟脆弱，使人更容易陷入負面情緒中，才是更正確的說法。所以平時應該多從事有氧運動，加強心肺功能，盡可能維持穩定且緩慢的心率，如此將有助於維持正面情緒。

讓人忽然感到巨大焦慮與恐懼的恐慌症，也是一種精神疾病，不過多數情況是因為心臟忽然不規律跳動而引發。換言之，忽然發生的心律不整，導致心臟無法向大腦傳遞穩定的信號，而不穩的信號會使大腦陷入極大的恐懼與不安中。只要治療好心律不整，大多數的恐慌症都會消失[11]。

因此，部分學者關注心率與情緒之間的密切關聯，開始尋找什麼樣的正面情緒能讓心率維持穩定。這些學者讓受試者想像愉快的事，也讓他們靜下心冥想，甚至讓他們什麼都不想，維持舒服休息的狀態。嘗試過各種方法後，他們發現最能讓心率保持穩定的正是「心存感激」。

一般成人的心跳數為每分鐘七十下左右，在這個區間有個別細微的變化。感到憤怒或挫折等負面情緒時，心跳變得相當不規律，而專注於生命中值得感謝的事情，從而產生感恩的心時，心跳變得相當穩定。

心跳頻率的週期以十秒一次，也就是0.1赫茲最為理想，此時呼吸、心跳、血壓變化的節奏將達到頻率相近的「諧振」（coherence）狀態。引起這種諧振的，正是感恩的心（參見圖9）。感恩讓身心靈平靜舒適，維持身心靈最健康也最理想的狀態[12]。

研究顯示，相較於完全放鬆的休息或甚至是睡眠的狀態，感恩更能讓心跳頻率維持穩定。換言之，比起完全鬆懈的冥想狀態，在感恩的狀態下更頻繁出現0.1赫茲的心跳頻率。此外，測量感恩狀態下的腦波後，也發現了在冥想與專注時經常出現的 α 波[13]。

這項研究結果從科學角度證實了感恩的力量。正向心理學家也透過行為反應研究，發現在各種正面性提升訓練法中，感恩訓練是最有效果的方法。

綜合上述研究結果，想要讓一個人的身心靈維持在最佳的狀態，感恩的效果絕對大於完全放鬆的冥想或回想開心的事。感恩正是正向心理學所追求的最佳心理狀態。也就是說，如果想藉由心理訓練提升正面性，那麼感恩絕對是最有效的訓練。

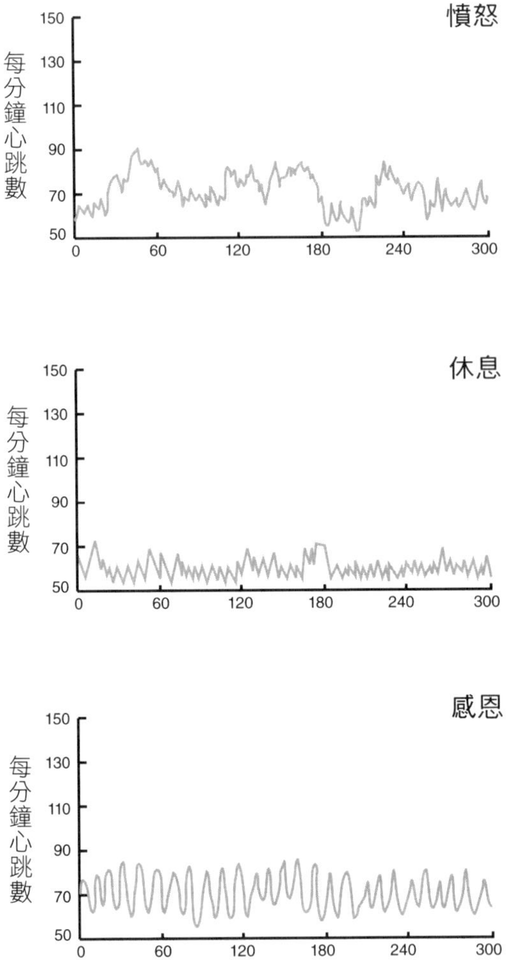

出處：McCraty & Childre(2004).

〈圖 9〉相較於完全放鬆的休息狀態，感恩能讓心跳的變化更穩定、規律。心跳頻率若以 Hz 表示，感恩時則維持 0.1Hz，此時身體的健康情況與大腦的學習能力也處於最佳狀態。

另一方面，這種正面情緒提升訓練最有效的執行方法，不是長時間的間歇性練習，而是短時間內的專注練習[14]。柳波莫斯基教授團隊進行長達六週，每週完成五件好事的實驗，其中一組要求一天內完成五件好事，另一組要求一週內抽空完成五件好事。兩組結果天差地遠。只有一天內完成所有好事的一組，在六週後幸福感顯著增加。換言之，即使是程度相當的善舉，在一天內完成還是分散間歇性完成，將會產生極大的差異。

感恩訓練的結果也是如此。感恩訓練進行六週，其中一組每週撰寫一次感恩日記，另一組則是每三週寫一次。兩者的差異也相當大。在每三週撰寫一次感恩日記的組別中，沒有發現任何效果，只有在每週撰寫感恩日記的組別中，發現正面的效果。這樣的結果顯示，刻意引發幸福感的練習，必須盡可能養成規律進行的習慣。

感恩訓練也有許多方法，其中最有效的方法介紹如下：首先，每天在睡前回顧當天發生的事，並在手冊上寫下五件以上值得感謝的事。這不是一個勁地感謝人生，而是要具體寫下一天中發生的事。而且只靠頭腦回想還不夠，必須以文字記錄下來後再入睡。

如此一來，我們的大腦將會仔細回想當天發生的事，並且從中選出值得感謝的事情。像這樣回想當天一整天發生的事，再帶著感恩的心入睡。睡前做之所以效果最好，是因為大多數記憶鞏固的現象發生在睡眠期間。換言之，這個方法能有效訓練大腦，養成以正面態度回想當天事情的習慣。

連續撰寫感恩日記幾天後，我們的大腦將開始主動尋找起床後所有值得感謝的事。這等於自然養成了在日常生活中隨時尋找感恩對象的習慣，也可以說養成了以感恩的心看待我所遭遇的事情的習慣。

每天撰寫感恩日記持續三週，你將會發現自己正逐漸變得正面。持續進行三個月後，就連身邊的人都會發現你變得更正面了。

規律運動改變人生

提高幸福基準線的另一個明確的方法，是規律的運動。所有人都知道運動的重要性，或者說都以為自己知道運動的重要性，但是運動有益大腦的事實，卻仍未受到廣泛重視。

佛南多・哥梅茲・皮尼拉（Fernando Gomez-Pinilla）教授團隊主張，現代人不太活動身體的生活習慣，最終會為我們的大腦與精神健康帶來傷害。由於我們不活動身體，長時間久坐，大腦無法發揮原有的功能而逐漸退化，導致阿茲海默症或失智症的發生[15]。

活動身體，大腦才會健康。運動是治療憂鬱症、焦慮症、失智症等大腦疾病的特效藥，這帖藥既沒有副作用，還能額外賺到控制體重的效果[16]，可以說是治百病的萬靈丹。

運動能促進腦內的血液循環，紓解壓力，又能提高思考能力，大幅降低心血管疾病的可能性。運動不僅有益身體健康，也對精神健康的維持發揮決定性的作用。在千禧年後，許多研究針對憂鬱症與高敏感症狀的治療，比較藥物與運動的療效後，陸續發表運動比多種藥物效果更好的研究結果[17]。

哈佛大學精神科約翰．瑞提（John Ratey）醫師說：「運動能提高專注力與沉穩度，降低衝動性，效果與服用憂鬱症治療藥百憂解和利他能幾乎相同。」此外，許多研究人員也表示，中途放棄運動後，神經細胞便不再作用，想要維持效果，必須持之以恆。事實上，英國有不少醫師面對輕微的憂鬱症，多會建議病患運動而非開給抗憂鬱藥[18]。

二〇〇八年英國精神健康基金會指出，以運動代替抗憂鬱藥或其他療法來治療憂鬱症輕症患者的醫師，達到二十二%，這比三年前的五%高出四倍之多。而三年前有四十一%的醫師認為運動療法在憂鬱症的治療上「有效」、「非常有效」，如今也大幅增加至六十一%。

運動不僅能讓我們的大腦感到幸福，也讓頭腦變得更聰明。運動能在老化的神經細胞間形成聯繫的網絡，供給腦細胞血液與營養。尤其運動越多，腦中形成的腦源性神經營養因子

（BDNF）越能提高心智能力[19]。

世界著名的索爾克生物研究所與哥倫比亞大學醫學中心史考特・斯莫爾（Scott Small）教授研究團隊共同發表一項研究成果，指出持續運動三個月的健康成人，大腦內形成了新的神經細胞[20]。意思是運動對成年人的腦細胞增生有著顯著的效果，而這些細胞負責學習與記憶。這項研究打破了過去認為上了年紀，大腦神經細胞就會減少的普遍認知。

此外，美國杜克大學醫學中心研究所發現，規律的運動對記憶力、計畫能力、組織能力、問題解決能力等的提升，具有相當卓越的效果。規律的運動能提高至少十五％以上的學習能力、專注力、抽象思考能力。此外，根據美國國家精神健康協會的研究結果，在壓力的緩解、動機的激發、自尊心的強化、人際關係的提升上，運動同樣效果顯著。

運動對老人失智症與阿茲海默症的治療，也有極佳的效果。加州大學爾灣分校的大腦老化及失智研究中心持續發表相關研究成果，主張運動不僅能強健大腦功能，也能提升免疫力[21]。

在英國《運動醫學雜誌》的報導中，伊利諾大學的認知神經科學權威克拉莫（Joel Kramer）指出，定期從事有氧舞蹈等有氧運動，「不僅能防止老化帶來的腦部功能下降，更具有刺激腦部功能發展的效果」，並且「即使是高齡長者，也能藉由運動激發腦部功能成長」。六個月左右的規律有氧運動，促進了掌管認知功能的額葉與顳葉灰質體積的增加，實際上也提高了思考的速度與敏銳度（認知功能）、記憶力、判斷力[22]。換言之，科學實驗證實了運動不僅有益身體健康，也能恢復大腦的健康。

運動能讓大腦變得正面，從而強化正面情緒，給人留下良好印象，因此也能培養圓融的人際關係與領導能力。不僅如此，任務成就能力與創造力也有所提升。達成幸福與成功最快速也最確實的途徑，正是規律的運動。

根據近來較有系統的研究，想要讓大腦變得正面，至少每週應運動三次，每次三十分鐘以上，達到最大心跳率六十至八十%的運動強度，並且持續八週以上[23]。最大心跳率由年齡來計算，例如一位三十歲的成人，心跳率每分鐘為（220 − 30）×（0.6 ~ 0.8），即為 114 ~ 152 下，至少應持續兩個月左右，對正面情緒的提升才有幫助。這是因為大腦形成新的突觸連結時，需要一定的時間合成蛋白質。

沒有人能否認運動的必要性，但是幾乎沒有人真正了解運動的重要性。運動不僅是為了身體健康，更是追求心理健康的必要條件。對於深受壓力折磨，缺乏情緒調節能力的韓國人而言，規律的運動尤其必要。以下是運動的幾項要領：

第一，均衡從事有氧運動（慢跑、有氧舞蹈、跳繩等）與肌耐力運動（啞鈴、伏地挺身等）、伸展運動（瑜珈或伸展操）三種運動。三種運動一天各做二十分鐘，會比一天只做一種運動一小時要好。

第二，一週運動三次以上。規律運動才能看見運動效果。比起一星期內一次運動七小時，每週運動三次，每次平均一小時更有效果。

第三，在開心、愉快的程度下適度運動。禁止勉強運動。剛開始接觸運動的人，不妨先從慢走開始。長時間沒有運動，一下子忽然運動，恐有受傷或引起副作用的風險。

第四，最好是搭配旋律的運動。研究指出，搭配音樂的有氧舞蹈或舞蹈運動最有益精神健康。跳繩時，最好也打開音樂進行。

第五，和朋友一起運動。尋找一起運動的朋友，就能更愉快、更持久地進行運動。也可以加入感興趣的運動類型的社團。

第六，與戶外運動並行。最好搭配一週一次的爬山或散步等戶外運動。陽光對憂鬱症的改善有顯著的效果。

第七，相信運動的效果。相信持之以恆的運動，可以讓自己成為正面的人，改善人際關係，並且過上更幸福、成功的人生。規律運動的效果相當顯著，不僅能預防憂鬱症，也能讓正常人變得更加幸福。

其實沒有任何一個人敢自信地說：「我絕不運動」、「我不需要運動」。即便如此，堅持運動的人依然是少數。運動不能持之以恆的人，大多是懶散或意志力薄弱的人，以忙碌為藉口逃避運動。根據問卷調查的結果，韓國人無法規律運動的最大原因為「沒有時間」。這其實是小看運動重要性的結果。其他行程或約定只要避開運動時間即可。如果有深切意識到運動的重要性，就不會出現「沒時間運動」的情況。

如果至今你都以為運動只是為了雕塑身材，那麼現在起，最好改掉這樣的想法。為了練就正面腦，為了提升正面性，為了提高幸福基準線，為了強化復原力，從今天起，你該做的事情就是規律運動。

參考文獻

PART01 心靈肌肉

1. Muraven, M., & Baumeister, R. F. (2000). Self- regulation and depletion of limited resources: Does self-control resemble a muscle? *Psychological Bulletin, 126,* 247-259.
2. Reivich, K., & Shatte, A. (2002). *The resilience factor: Seven essential skills for overcoming life's inevitable obstacles.* New York: Broadway Books.
3. Reivich, K., & Shatte, A. (2002). *The resilience factor: Seven essential skills for overcoming life's inevitable obstacles.* New York: Broadway Books.
4. Lipsman, N., Skanda, A., Kimmelman, J., & Bernstein, M. (2007). The attitudes of brain cancer patients and their caregivers towards death and dying: A qualitative study. *BMC Palliative Care.* 6:7 doi:10.1186/1472-684X-6-7.
5. Redelmeier, D. & Kahneman, D. (1996). Patients' memories of painful medical treatments: real-time and retrospective evaluations of two minimally invasive procedures. *Pain, 66.* 3-8.
6. Werner, E. E., & Smith, R. S. (1982). *Vulnerable but invincible: A longitudinal study of resilient children and youth.* New York: McGraw Hill.

PART02 你的復原力有幾分？

1. Hong, Eun Suk. (2006). Conceptual understanding of resilience and instructional suggestion. *Korean Journal of Special Education, 41(2)*, 45-67.
2. Rutter, M. (1985). Resilience in face of adversity: Protective factors and resilience to psychiatric disorder. *British Journal of Psychiatry, 147,* 598-611.
3. Waters, E., & Sroufe, L. A. (1983). Social competence as developmental construct. *Developmental Review, 3,* 79-97.
4. Polk, L. V. (1997). Toward a middle-range theory of resilience. *Advances in Nursing Science, 19,* 1-13.
5. Anthony, E. J. (1987). *Risk, vulnerability, and resilience: An overview.* In E.Anthony, & B. Cohler (Eds.), *The invulnerable child* (pp.3-48). NewYork: Guilford Press. Garmezy, N. (1996). Reflections and commentary on risk, resilience, and development, In Haggerty, P. J., Lonnie, P. S., Garmezy, N., & Rutter, M. (Eds.), *Stress, Risk, and Resilience in Children and Adolesents-Process, Mechanism, Intervention.* New York: Cambridge University Press. Luther S. S., Cicchetti, D., & Becker, B. (2000). The construct of resilience: A critical evaluation and guidelines for future work. *Child Development, 71(3),* 543-562. Olsson, C. A., Bond, L., Burns, J. M., Vella-Brodrick, D. A., & Sawyer, S. M. (2003). Adolescent resilience: A conceptual analysis. *Journal of Adolescence, 26,* 1-11. Werner, E. E., & Smith, R. S. (1993). *Overcoming the odds: High risk children from birth to adulthood.* New York: Cornell University Press.
6. Dyer, J. G., & McGuinness, T. M. (1996). Resilience: Analysis of the concept. *Archives of Psychiatric Nursing, 10,* 276-282.
7. Yoo, An Jin., Lee, Jum Sug., Kim, Jung Min. (2005). The Impacts of Body-Image, Attachment to Parent and

Peers, and Resilience on Adolescents' Life Satisfaction. *Journal of Families and Better Life, 23(5),* 123-132.

Hong, Eun Suk. (2006). Conceptual understanding of resilience and instructional suggestion. *Korean Journal of Special Education, 41(2),* 45-67.

8. Hong, Eun Suk. (2006). Conceptual understanding of resilience and instructional suggestion. *Korean Journal of Special Education, 41(2),* 45-67.
9. Lee, Wan Jeong. (2002). Resilience and Protective Factors in At - risk Children. *Korean Journal of Child Studies, 23(1),* 1-16.
10. Kim, Hyae Sung. (1998). Concept Development of Resilience. *Journal of Korean Academy of Nursing, 28(2),* 403-413.
11. Choi, Min A., Shin, WooYeol., Park, Mi Na., Kim, Joo Han. (2009). Communication Competence Makes us Stronger and Happier : The Effects of Communication Competence on Resilience, Self-Determination and Life Satisfaction. *Korean Journal of Journalism & Communication Studies, 53(1),* 199-220.

    Shin, WooYeol., Kim, Min Gyu., Kim, Joo Han. (2009). Developing Measures of Resilience for Korean Adolescents and Testing Cross, Convergent, and Discriminant Validity. *Studies on Korean Youth, 55,* 105-131.
12. Reivich, K., & Shatte, A. (2002). *The resilience factor: Seven essential skills for overcoming life's inevitable obstacles.* New York: Broadway Books.
13. Shin, WooYeol., Kim, Min Gyu., Kim, Joo Han. (2009). Developing Measures of Resilience for Korean Adolescents and Testing Cross, Convergent, and Discriminant Validity. *Studies on Korean Youth, 55,* 105-131.

14. Kim, Joo Han., Kim, Min Gyu., HONG, Se Hee. (2009). 《利用結構公式模型撰寫論文（구조방정식모형으로 논문쓰기）》, Seoul: Communication Books. Kim, M. & Kim, J. (2010). Cross-validation of reliability, convergent and discriminant validity for the problematic online game use scale. *Computers in Human Behavior, 26(3),*389-398.

15. Luck, S. J. (2005). *An introduction to the event-related potential techn·‐ ⌐ue.* Cambridge, MA: MIT Press. Handy, T. C. (Eds.) (2005). *Event-related potentials: A method handbook.* Cambridge, MA: MIT Press.

16. Kandel, E. R. (2006). In search of memory: *The emergence of new science of mind.* New York: Norton.

17. Milton, J., Solodkin, A., Hlustik, P., & Small, S. L. (2007). The mind of expert motor performance is cool and focused. *Neuroimage, 35.* 804-813.

18. Harker, L. A., & Keltner, D. (2001). Expressions of positive emotion in women's college yearbook pictures and their relationship to personality and life outcomes across adulthood. *Joumal of Personality and Social Psychology, 80 (1),* 112-124.

19. Seligman, M. E. P. (2002). *Authentic happiness: Using the positive psychology to realize your potential for lasting fulfillment.* New York: Free Press.

20. Post, S., & Neimark, J. (2007). *Why good things happen to good people: The exciting new research that proves the link between doing good and living a longer, healthier, happier life.* New York: Broadway Books.

PART03　對自我的正確理解

1. Gardner, H. (1983). *Frames of mind: The theory of multiple intelligences.* New York: Basic Books.

2. Duncker, K. (1945). On problem solving. *Psychological Monographs. 58.* (5, Whole No. 270).

3. Isen, A. M., Daubman, K. A., & Nowicki, G. P. (1987). Positive affect facilitates creative problem solving. *Journal of Personality and Social Psychology. 52 (6),* 1122-1131.
4. Rosch, E. (1975). Cognitive representations of semantic categories. *Journal of Experimental Psychology: General. 104,* 192-233.
5. Isen, A. M.., Johnson, M. M., Mertz, E., & Robinson, G. (1985). The influence of positive affect on the unusualness of word associations. *Journal of Personality and Social Psychology, 48,* 1413-1426.
6. Estrada, C., Isen, A. M.., & Young, M. (1994). Positive affect influences creative problem solving and reported source of practice satisfaction in physicians. *Motivation and Emotion, 18,* 285-299.
7. Estrada, C., Isen, A. M., & Young, M. (1997). Positive affect facilitates integration of information and decreases anchoring in reasoning among physicians. *Organizational Behavior and Human Decision Processes, 72,* 117-135.
8. Isen, A. M., Shalker, T., Clark, M., & Karp, L. (1978). Affect, accessibility of material in memory and behavior: A cognitive loop?. *Journal of Personality and Social Psychology, 36,* 1-12. Nasby, W., & Yando, R. (1982). Selective encoding and retrieval of affectively valent information: Two cognitive consequences of children's mood states. *Journal of Personality and Social Psychology, 43,* 1244-1253.
9. Estrada, C., Isen, A. M.., & Young, M. (1994). Positive affect influences creative problem solving and reported source of practice satisfaction in physicians. *Motivation and Emotion, 18,* 285-299. Greene, T.R., & Noice, H. (1988). Influence of positive affect upon creative thinking and problem solving in children. *Psychological Reports, 63,* 895-898. Isen, A. M., Daubman, K. A., & Nowicki, G. P. (1987). Positive affect facilitates creative problem solving. *Journal of Personality and Social Psychology. 52 (6),* 1122-1131. Isen, A. M.., Johnson, M. M., Mertz, E., & Robinson, G. (1985). The influence of positive affect on the

unusualness of word associations. *Journal of Personality and Social Psychology, 48,* 1413-1426.

10. Aspinwall, L.G., & Taylor, S.E. (1997). A stitch in time: Self-regulation and proactive coping. *Psychological Bulletin, 121,* 417-436. Camevale, P. J., & Isen, A. M. (1986). The influence of positive affect and visual access on the discovery of integrative solutions in bilateral negotiating. *Organizational Behavior and Human Decision Processes, 37,* 1-13. Fiske,S.T.,&Taylor,S.E.(1991).*Social cognition(2nd ed.).* New York:McGraw-Hill. George, J. M., & Brief, A. P. (1996). Motivational agendas in the workplace: The effects of feelings on focus of attention and work motivation. In L. Cummings & B. Staw (Eds.), *Research in organizational behavior,* (Vol. 18, pp. 75-109)., Greenwich, CT: JAI Press.
11. Ashby, F. G., Isen, A. M., & Turken, A. U. (1999). A neuro-psychological theory of positive affect and its influence on cognition. *Psychological Review, 106,* 529-550.
12. Depue, R. A., & Iacono, W. G. (1989). Neurobehavioral aspects of affective disorders. *Annual Review of Psychology, 40,* 457-492. Depue, R. A., Luciana, M., Arbisi, P., Collins, P., & Leon, A. (1994). Dopamine and the structure of personality: Relation of agonist-induced dopamine activity to positive emotionality. *Journal of Personality and Social Psychology, 67(3),* 485-498.
13. Isen, A. M., Niedenthal, P., & Cantor, N. (1992). The influence of positive affect on social categorization. *Motivation and Emotion, 16(1),* 65-78.
14. Kahn, B., & Isen, *A. M.* (1993). The influence of positive affect on variety-seeking among safe, enjoyable products. *Journal of Consumer Research, 20,* 257-270.
15. Maslow, A. H. (1998). *Toward a psychology of being. 3rd Edition.* New York: Wiley & Sons.
16. Goleman, D. (1996). *Emotional intelligence: Why it can matter more than* IQ. New York: Bantam.

17. Ben-Shahar, T. (2007). *Happier: Learn the secrets to daily joy and lasting fulfillment.* New York: McCraw Hill.
18. Deci, E., & Ryan, R. (1985). *Intrinsic motivation and self-determination in human behavior.* New York: Plenum Press. Ryan, R., & Deci, E. (2000). Self-determination theory and facilitation of intrinsic motivation, social development, and well-being. *American Psychologist, 55,* 68-78.
19. Kim, Joo Han., Kim, Eun Ju, Hong, Se Hee. (2006). Effects of Self-Determination on the Academic Achievement in Korean Middle School Students. *Korean Journal of Educational Psychology, 20(1),* 243-264. Kim, Joo Han, Lee, Yoon Mi., Kim, Min Gyu. (2006). A Study on the Factors and Types of On-line Game Addiction : An Application of the Self-determination Theory. *Korean Journal of Journalism & Communication Studies, 50(5),* 79-107.
20. Ben-Shahar, T. (2007). *Happier: Learn the secrets to daily joy and lasting fulfillment.* New York: McCraw Hill.
21. Csikszentmihalyi, M. (1990). Flow: The psychology of optimal experience. New York: Harper and Row.
22. Seligman, M. E. P. (2002). *Authentic happiness: Using the positive psychology to realize your potential for lasting fulfillment.* New York: Free Press.
23. Susan Greenfield. (2001). *Brain Story: Unlocking Your Inner World of Emotions, Memories, and Desires.* London: DK Publishing.

PART04　與人建立良好互動

1. Aron, A., & Aron, E. N. (1986). *Love as the expansion of self: Understanding attraction and satisfaction.*

New York: Hemisphere.

2. Seligman, M. E. P. (2002). *Authentic happiness: Using the positive psychology to realize your potential for lasting fulfillment.* New York: Free Press.
3. Leary, M. R., & Kowalski, R. M. (1990). Impression management: A literature review and two-component model. *Psychological Bulletin, 107(1),* 34-47. Leary, M. R. & Kowalski, R. M. (1995). *Social anxiety.* New York: Guilford Press.
4. De Botton, A. (2005). *Status anxiety.* New York: Vintage.
5. Leary, M. R. (1995). *Self-presentation: Impression management and interpersonal behavior. Boulder,* CO: Westview
6. Ambady, N. &Rosenthal, R. (1993). Half a minute: Predicting teacher evaluations from thin slices of nonverbal behavior and physical atractiveness. *Journal of Personality and Social Psychology, 64(3),* 431-441.
7. Verderber, K. S., Verderber, R. F., & Berryman-Fink, C. (2007). *Inter-act: Interpersonal communication concepts, skills, and contexts. 11th ed.* New York: Oxford University Press.
8. Wicker, B., Keysers, C., Plailly, J., Royet, J-P., Gallese, V., & Rizzolatti, G. (2003). Both of us disgusted in my insula: The common neural basis of seeing and feeling disgust. *Neuron, 40,* 655-664.
9. Keysers, C., Wicker, B., Gazzola, V., Anton, J. L., Fogassi, L., & Gallese, V. (2004). A touching sight: SII/PV activation during the observation of touch. *Neuron, 42,* 335-346.
10. Singer, T., Seymour, B., O'Doherty, J., Kaube, H., Dolan, R., & Frith, C. (2004). Empathy for pain involves the affective but not sensory components of pain. *Science, 303,* 1157-1162.

11. Singer, T., Seymour, B., O'Doherty, J., Stephan, K. E., Dolan, R. J., & Frith, C. D. (2006). Empathic neural responses are modulated by the perceived fairness of others. *Nature, 439,* 466-469.
12. Valeriani M, Betti, V., Le Pera, D., De Armas, L., Miliucci, R., Restuccia, D., et al. (2008). Seeing the pain of others while being in pain: A laser-evoked potentials study. *NeuroImage, 40.* 1419-1428.
13. Buber, M. (1958). *I and Thou* (R. G. Smith, Trans.). Edinburgh, UK: T. & T. Clark.
14. Restak, R. (2006). *The naked brain.* New York: Three Rivers Press
15. Restak, R. (2006). *The naked brain.* New York: Three Rivers Press
16. Brizendine, L. (2006). *The Female Brain.* New York: Broadway Books.
17. Kagan, J. (2007). *What is emotion?: History, measures, and meanings.* New Haven: Yale University Press.
18. Strack, F., Martin, L. L., & Stepper, S. (1988). Inhibiting and facilitating conditions of the human smile: A nonobstrusive test of the facial feedback hypothesis. *Journal of Personality and Social Psychology, 54(5),* 768-777.
19. Hwang, Yoo Sun, Shin, WooYeol, Kim, Joo Han. (2010). What I Read on Your Face is My Emotion: The Effects of Emotion on Interpreting Others' Facial. *Korean Journal of Communication Studies, 18(1)*, 247-271.
20. Min, Ji Hye, Yoo Sun, Shin, Kim, Joo Han. (2010). Positive Emotions Liberate Our Cognitive Judgment : The Influence of Positive Emotions on Context Effect. *Korean Journal of Journalism & Communication Studies, 54(1),* 293-314.
21. Brizendine, L. (2006). *The Female Brain.* New York: Broadway Books.
22. Waugh, C., & Fredrickson, B. (2006). Nice to know you: Positive emotions, self-other overlap, and complex

understanding in the formation of a new relationship. *The Journal of Positive Psychology, 1(2),* 93-106.

23. Aron, A., & Aron, E. N. (1986). *Love as the expansion of self: Understanding attraction and satisfaction.* New York: Hemisphere.
24. Lord, C. G. (1980). Schemas and images as memory aids: Two modes of processing social information. *Journal of Presonality and Social Psychology, 38,* 257-269. Lord, C. G. (1987). Imagining self and others: Reply to Brown, Keenan, and Potts. *Journal of Personality and Social Psychology. 53,* 445-450.
25. Lord, C. G. (1980). Schemas and images as memory aids: Two modes of processing social information. *Journal of Presonality and Social Psychology, 38,* 257-269.
26. Restak, R. (2006). *The naked brain.* New York: Three Rivers Press
27. Harlow, H. F. (1958). The nature of love. *American Psychologist. 13,* 673-685.
28. Harlow, H. F., Harlow, M. K., Rueping, R. R., & Mason, W. A. (1960). Performance of infant rhesus monkeys on discrimination learning, delayed response, and discrimination learning set. *Journal of Comparative and Physiological Psychology. 53 (2),* 113-121.
29. Harlow, H. F., & Suomi, S. J. (1970). Nature of love? Simplified. *American Psychologist. 25(2).* 161-168. Seay, B., Alexander, B. K., Harlow, H. F. (1964). Maternal behavior of socially deprived rhesus monkeys. *Journal of Abnormal and Social Psychology. 69 (4).* 345-354.
30. Siegel, D. (1999). *The developing mind: How relationships and the brain interact to shape who we are.* New York: The Gulford Press
31. Restak, R. (2006). *The naked brain.* New York: Three Rivers Press
32. Vanderwal, T., Hunyadi, E., Grupe, D. W., Connors, C. M., & Schultz, R.T. (2008). Self, mother and abstract

other: An fMRI study of reflective social processing, *NeuroImage,* doi: 10.1016/j.neuroimage.2008.03.058.

33. James, W. (1918). *The principles of psychology.* New York: Dover.
34. Gottman, J. (2003). *The mathematics of marriage.* Cambridge, MA: MIT Press. Gottman, J., & Levenson, R.W. (2002). A two-factor model for predicting when a couple will divorce: Exploratory analyses using 14-year longitudinal data. *Family Process, 41(1),* 83-96.
35. Gu ¨ ro lu, B., Haselager, G., Lieshout, C., Takashima, A., Rijpkema, M., & Fernandez, G. (2008). Why are friends special? Implementing a social interaction simulation task to probe the neural correlates of friendship. *NeuroImage. 39(2).* 903-910.

PART05 提升大腦的正面性

1. Muraven, M., & Baumeister, R. F. (2000). Self- regulation and depletion of limited resources: Does self-control resemble a muscle? *Psychological Bulletin, 126,* 247-259.
2. Gilbert, D. (2007). *Stumbling on happiness.* New York: Vintage.
3. Lyubomirsky, S., Sheldon, K., & Schkade, D. (2005). Pursuing happiness: The architectures of sustainable change. *Review of General Psychology. 9(2).* 111-131.
4. Lykken, D., & Tellegen, A. (1996). Happiness is a stochastic phenomenon. *Psychological Science, 7,* 186-189.
5. Park, H.J., Lee, J.D., Kim, E.Y., Park, B., Oh, M.K., Lee, S.,& Kim, J.J. (2009). Morphological alterations in the congenital blind based on the analysis of cortical thickness and surface area. *Neuroimage. 47,* 98-106.
6. Robinson, K. (2009). *The elements: How finding your passion changes everything.* New York: Penguin

Books.
7. Seligman, M. E. P. (2002). *Authentic happiness: Using the positive psychology to realize your potential for lasting fulfillment.* New York: Free Press.
8. Seligman,M. E. P., Steen,T. A., Park, N., & Peterson, C. (2005). Positive psychology progress: Empirical validation of interventions. *American Psychologist. 60(5).* 410-421.
9. Emmons, R. & McCullough, M. (Eds.) (2004). *The psychology of gratitude.* Oxford: Oxford University Press.
10. Armour, J., & Ardell, J.(eds) (1994). *Neurocardiology.* New York: Oxford University Press.
11. Lessmeier, T., Gamperling, D., Johnson-Liddon, V., Fromm, B., Steinman, R., Meissner, M., et al. (1997). Unrecognized paroxysmal supraventricular tachycardia: Potentilal for misdiagnosis as panic disorder. *Archives of Internal Medicine, 157(5),* 537-543.
12. McCraty, R. (2002). Heart rhythm coherence: An emerging area of biofeedback. *Biofeedback, 30(1),* 23-23.
13. McCraty, R., & Childre, D. (2004). The grateful heart: The psychophysiology of appreciation. In Emmons, R. & McCullough, M. (Eds.), *The psychology of gratitude.* Oxford: Oxford University Press.
14. Lyubomirsky, S., Sheldon, K., & Schkade, D. (2005). Pursuing happiness: The architectures of sustainable change. *Review of General Psychology. 9(2).* 111-131.
15. Vaynman, S., & Gomez-Pinilla, F. (2006). Revenge of the “sit” : How lifestyle impacts neuronal and cognitive health through molecular systems that interface energy metabolism with neuronal plasticity. *Journal of Neuroscience Research, 84(4),* 699-715. Ding, Q., Vaynman, S., Souda, P., Whitelegge, J. P., & Gomez-Pinilla, F. (2006). Exercise affects energy metabolism and neural plasticity-related proteins in the

hippocampus as revealed by proteomic analysis, *European Journal of Neuroscience, 24(5),* 1265-1276.

16. King, N., Hopkins, M., Caudwell, P., Stubbs, J., & Blundell, J. (2009). Beneficial effects of exercise: Shifting the focus from body weight to other markers of health. *British Journal of Sports Medicine, 43(12),* 924-927.

17. Craft, L. L., & Perna, F. M. (2004). The benefits of exercise for the clinically depressed. Primary care companion. *Journal of Clinical Psychiatry, 6(3),* 104-111 Peluso, M. A., & Andrade, G. (2005). Physical activity and mental health: The association between exercise and mood. *Clinics, 60(1),* 61-70.

18. Carmichael, M. (2007). Stronger, faster, smarter. Newsweek. (Coverstory, March 26th). Online: http://www.newsweek.com/2007/03/25/stronger-faster-smarter.html

19. Lucia, A., & Ruiz, J. (2009). Exercise is beneficial for patients with Alzheimer's disease: A call for action. British Journal of Sports Medicine, doi:10.1136/bjsm.2009.061200 van Praag, H., Shubert, T., Zhao, C., & Gage, F. H. (2005). Exercise enhances learning and hippocampal neurogenesis in aged mice. *Journal of Neuroscience, 25(38),* 8680-8685.

20. Pereira, A., Huddleston, D.E., Brickman, A.M., Sosunov, A.A., Hen, R., McKhann, G.M., Sloan, R., Gage, F.H., Brown, T.R., & Small, S. (2007). An in vivo correlate of exercise-induced neurogenesis in the adult dentate gyrus. *Proceedings of the National Academy of Sciences, 104(13).* 5638-5643.

21. Cotman, C. W., & Berchtold, N. C. (2002). Exercise: A behavioral intervention to enhance brain health and plasticity. *Trends in Neuroscience, 25(6),* 295-301. Cotman, C. W., Berchtold, N. C., & Christie, L. A. (2007). Exercise builds brain health: key roles of growth factor cascades and inflammation. *Trends in Neurosciences, 30(9),* 464-472.

22. Erickson, K. I., & Kramer., A.F. (2009). Aerobic exercise effects on cognitive and neural plasticity in older adults. *British Journal of Sports Medicine.* doi:10.1136/bjsm.2008.052498. Colcombe, S. J., Erickson, K. I., Raz, N., Webb, A. G., Cohen, N. J., McAuley, E., & Kramer, A. F. (2003). Aerobic fitness reduces brain tissue loss in aging humans. *Journal of Gerontology, 58(2),* 176-180.
23. Perraton, L. G., Kumar, S., & Machotka, Z. (2010). Exercise parameters in the treatment of clinical depression: A systematic review of randomized controlled trials. *Journal of Evaluation in Clinical Practice, 16(3),* 597-604.

HEART
心|視野 心視野系列 087

心理彈力

戰勝低潮與逆境，讓人谷底翻身的強大力量

회복탄력성

作　　者　金周煥
譯　　者　林侑毅
總 編 輯　何玉美
責任編輯　洪尚鈴
封面設計　楊雅屏
內頁排版　theBAND · 變設計— Ada

出版發行　采實文化事業股份有限公司
行銷企劃　陳佩宜 · 黃于庭 · 蔡雨庭 · 陳豫萱 · 黃安汝
業務發行　張世明 · 林踏欣 · 林坤蓉 · 王貞玉 · 張惠屏 · 吳冠瑩
國際版權　王俐雯 · 林冠妤
印務採購　曾玉霞
會計行政　王雅蕙 · 李韶婉 · 簡佩鈺
法律顧問　第一國際法律事務所　余淑杏律師
電子信箱　acme@acmebook.com.tw
采實官網　www.acmebook.com.tw
采實臉書　www.facebook.com/acmebook01

I S B N　978-986-507-588-0
定　　價　320 元
初版一刷　2021 年 12 月
劃撥帳號　50148859
劃撥戶名　采實文化事業股份有限公司
104 台北市中山區南京東路二段 95 號 9 樓
電話：(02)2511-9798　傳真：(02)2571-3298

國家圖書館出版品預行編目資料

心理彈力 : 戰勝低潮與逆境 , 讓人谷底翻身的強大力量 / 金周煥著 ;
林侑毅譯 . -- 初版 . -- 臺北市 : 采實文化事業股份有限公司 , 2021.12
面 ;　公分 . -- (心視野系列 ; 87)
譯自 : 회복탄력성
ISBN 978-986-507-588-0(平裝)

1. 自我實現 2. 調適 3. 成功法
177.2　　110016317

采實出版集團
ACME PUBLISHING GROUP

HEART
心｜視野

HEART

心｜視野